STEP-BY-STEP

Vegetarisch

Schritt für Schritt zum perfekten Gericht

STEP-BY-STEP

Vegetarisch

Schritt für Schritt zum perfekten Gericht

LOVE FOOD™

Hinweis
Sofern die Schale von Zitrusfrüchten benötigt wird, verwenden Sie unbedingt unbehandelte Früchte. Sind Zutaten in Löffeln angegeben, ist immer ein gestrichener Löffel gemeint: Ein Teelöffel entspricht 5 ml, ein Esslöffel 15 ml. Sofern nicht anders angegeben, wird Vollmilch (3,5 % Fett) verwendet. Es sollte stets frisch gemahlener schwarzer Pfeffer verarbeitet werden. Bei Eiern und einzelnen Gemüsesorten, z. B. Kartoffeln, verwenden Sie mittelgroße Exemplare. Waschen und schälen Sie Wurzelgemüse vor seiner Verwendung, sofern es im Rezept nicht anders angegeben ist.

Garnierungen, Dekorationen und Serviervorschläge sind kein fester Bestandteil der Rezepte und daher nicht unbedingt in der Zutatenliste oder Zubereitung aufgeführt. Die angegebenen Zeiten können von den tatsächlichen abweichen, da je nach Zubereitungsmethode und vorhandenem Herdtyp Schwankungen auftreten. Optionale Zutaten, Variationen oder Serviervorschläge sind bei den Zeitangaben nicht berücksichtigt.

Kinder, ältere Menschen, Schwangere, Kranke und Rekonvaleszenten sollten auf Gerichte mit rohen oder nur leicht gegarten Eiern verzichten. Schwangere und stillende Frauen sollten den Verzehr von Erdnüssen oder erdnusshaltigen Zubereitungen vermeiden. Allergiker sollten bedenken, dass in allen in diesem Buch verwendeten Fertigprodukten Spuren von Nüssen enthalten sein könnten.

Vegetarier sollten darauf achten, dass einige der Fertigprodukte tierische Produkte enthalten könnten. Bitte lesen Sie in jedem Fall zuvor die Verpackungsangaben.

Inhalt

Einleitung

Dieses Buch wird Ihnen zeigen, dass die moderne vegetarische Küche abwechslungsreich, raffiniert und lecker ist. Die unkomplizierten und köstlichen Rezepte überzeugen Vegetarier und Fleischesser gleichermaßen. Ob Sie nun Ihren Speiseplan auf rein pflanzliche Kost umstellen wollen oder einfach nur versuchen, mehr vegetarische Elemente in Ihre Ernährung zu integrieren, dieses Buch liefert Ihnen clevere und schmackhafte Rezepte mit Erfolgsgarantie.

Darum ist dieses Buch sinnvoll

Bei der vegetarischen Ernährung gibt es einige Dinge zu beachten – insbesondere für Neuvegetarier. Wichtig ist zum Beispiel, sich ausgewogen zu ernähren und sich darüber bewusst zu sein, dass in vielen Fertigprodukten tierische Inhaltsstoffe verborgen sind. Da Abwechslung in der vegetarischen Ernährung von großer Bedeutung ist, gibt es in diesem Buch 60 köstliche und fantasievolle Rezepte, die sogar überzeugte Fleischesser und Gemüsehasser begeistern werden.

Tag für Tag vegetarisch ernähren

Wenn Sie Vegetarier werden möchten, sollten Sie die Umstellung schrittweise vollziehen. Beginnen Sie am besten mit einem oder zwei vegetarischen Gerichten in der Woche, verzichten Sie dann zuerst auf rotes Fleisch, danach auf Geflügel und zum Schluss auch noch auf Fisch. So geben Sie Ihrem Körper genügend Zeit, sich auf die Veränderung einzustellen.

Auch für Menschen, die einfach weniger Fleisch essen möchten, ist dieses Buch eine Fundgrube. Servieren Sie beispielsweise einen leckeren Salat (siehe Kapitel 2) als Vorspeise oder anstelle einer Kartoffelbeilage Getreide oder Hülsenfrüchte. Geizen Sie nicht mit Kräutern, da diese ein Gericht nicht nur um Frische, Geschmack und Farbe bereichern, sondern auch noch viele Vitamine enthalten.

Wer für Kinder oder Erwachsene kocht, die Gemüse nur ungern verzehren, sollte milde, leicht zu kauende Sorten wie Erbsen, grüne Bohnen oder Mais servieren und bei Rosenkohl und Weißkohl eher zurückhaltend sein. Unbeliebte Gemüsesorten wie beispielsweise Brokkoli und Blumenkohl kommen zerkleinert und in einer leckeren Suppe, unter einer Knusperkruste oder gratiniertem Käse häufig richtig gut an. Mit herrlich aromatisch-süßem, geröstetem Wurzelgemüse kann man ebenfalls nicht viel falsch machen. Halten Sie die Portionen klein, meiden Sie stark riechendes Gemüse und versuchen Sie, möglichst appetitlich aussehende Gerichte zu servieren.

In Form von pürierten Gemüsesuppen, die herrlich frisch sind und mit schmackhaften Beilagen serviert werden (siehe Kapitel 1), kann man den Gemüseanteil in seiner Ernährung ebenfalls erhöhen. Darüber hinaus lassen sich aus stärkehaltigem Gemüse wie Karotten und dicken Bohnen leckere Dips herstellen.

Vegetarier und Nichtvegetarier gleichzeitig glücklich machen

Eine Extrawurst ist gar nicht nötig, man kann ein und dasselbe Gericht auch mit leichten Abwandlungen servieren. Kochen Sie einfach ein Gericht aus rein vegetarischen Zutaten und teilen Sie dieses dann in zwei Portionen auf. Geben Sie dann nach Belieben Fleisch oder Fisch in die eine Portion und proteinhaltige vegetarische Lebensmittel wie Tofu, Bohnen oder Käse in die andere Portion.

Diese Methode lässt sich auf diverse Rezepte in diesem Buch anwenden. Zum Beispiel können die Pilze im Brunnenkresse-Champignon-Aufstrich (siehe Seite 54) auch problemlos durch Hühnerleber ersetzt werden. Auch der Kichererbseneintopf mit Aubergine und roter Paprika (siehe Seite 180) kann aufgeteilt und eine Portion für die Fleischesser um gewürfeltes Lammfleisch ergänzt werden.

>1 >2 >3

Gesunde Ernährung

Die Maßgaben für eine ausgewogene Kost sind bei Vegetariern und Fleischessern dieselben: Sie sollte abwechslungsreich sein, viele Vollkornprodukte, Hülsenfrüchte sowie Obst und Gemüse enthalten, einen mäßigen Anteil an proteinhaltigen Lebensmitteln und nur geringe Mengen an Fett, Salz und Zucker aufweisen. Dies ist vielen zwar wohlbekannt, doch im Alltag ist es oft schwer, eine Balance zwischen dem, was wir essen sollten, und dem, was gerade zur Hand ist, oder – noch viel wichtiger – dem, was uns wirklich schmeckt, zu finden.

Wichtige Nährstoffe für Vegetarier

Als Vegetarier sollte man sich einige Grundkenntnisse über Ernährung aneignen, um gesund zu bleiben. Nährstoffe wie Eisen, Vitamin B und Eiweiß, die der Körper gemeinhin über Fleisch und Fisch aufnimmt, müssen durch vegetarische Alternativen zugeführt werden.

> **Kohlenhydrate:** Man unterscheidet zwischen Einfachzuckern, die ihre Energie schnell an den Körper abgeben, und Vielfachzuckern, die auch komplexe Kohlenhydrate genannt werden und ihre Energie nur langsam an den Körper abgeben.

Lebensmittel, die komplexe Kohlenhydrate enthalten: Brot, Nudeln, Reis, Haferflocken, Quinoa, Hülsenfrüchte, Kartoffeln, Yams und anderes Wurzelgemüse. *Lebensmittel, die Einfachzucker enthalten:* Früchte, Fruchtsäfte, Gemüse, Milch und Tafelzucker.

> **Fett:** Aus Fett gewinnt unser Körper Energie und essenzielle Fettsäuren, die für Gehirnfunktionen und ein normales Wachstum unerlässlich sind. Alle Fette und

Öle enthalten zwei verschiedene Arten von Fettsäuren: gesättigte Fettsäuren, die bei Zimmertemperatur meist fest sind, und ungesättigte Fettsäuren, die gewöhnlich flüssig sind.

Lebensmittel, die gesättigte Fettsäuren enthalten: Eier, Vollmilchprodukte, Kokosöl, Palmöl.

Lebensmittel, die ungesättigte Fettsäuren enthalten: Avocado, Eier, Blattgemüse, Erdnussbutter, Tahini, Margarine, Oliven, Nüsse und Samen sowie Pflanzen-, Nuss- und Samenöle.

> Proteine: Proteine bestehen aus Aminosäuren und sind unentbehrlich für alle wichtigen Lebensfunktionen. Allerdings kommen vollständige Proteine, die alle essenziellen Aminosäuren enthalten, nur in tierischen Produkten vor. Ein Vegetarier kann sich jedoch problemlos mit der angemessenen Proteinmenge versorgen, wenn er die pflanzlichen Proteine in der richtigen Weise miteinander kombiniert. Beispiel: eine Kombination aus Getreide und Hülsenfrüchten in Form von gebackenen Bohnen auf Toast oder Reis und Linsen.

Lebensmittel, die Proteine enthalten: Milchprodukte, Eier, Bohnen (insbesondere Sojabohnen und Sojaprodukte wie Tofu), Kichererbsen, Linsen, Quinoa, Reis, Nüsse, Samen und Algen.

> Vitamine: Für eine gute Gesundheit sind Vitamine unentbehrlich. Wenn Sie eine breite Palette an Obst, Gemüse, Nüssen, Hülsenfrüchten und Getreide zu sich nehmen, sollte Ihr gesamter Vitaminbedarf gedeckt sein. Veganer müssen auf pflanzliche Lebensmittel achten, die Vitamin D enthalten, und sich durch Vitaminpräparate Vitamin B12 zuführen, das hauptsächlich in Fleisch und Eiern zu finden ist.

Lebensmittel, die Vitamin D enthalten: Eier, Pflanzenmargarine, Milchprodukte, Frühstückszerealien, Sojamilch. Zudem bildet der Körper durch Sonneneinstrahlung eigenständig Vitamin D.

Lebensmittel, die Vitamin B12 enthalten: Eier, Käse, Joghurt, Pflanzenmargarine, Milch, Frühstückszerealien.

> Mineralien: Mineralien sind ebenso bedeutend wie Vitamine. Sie sind in vielen verschiedenen Lebensmitteln enthalten, eine abwechslungsreiche Kost ist daher ausschlaggebend. Für Frauen sind gerade Kalzium und Eisen wichtig.

Lebensmittel, die Kalzium enthalten: Milchprodukte, Nüsse, Samen, Tofu, Mehl, Zitrusfrüchte, Algen und grünes Gemüse.

Lebensmittel, die Eisen enthalten: Eigelb, Hülsenfrüchte, getrocknete Aprikosen, Spinat, Brunnenkresse, Melasse, Schokolade.

Ersatzprodukte und Zutatenbeschaffung

Wenn Sie Vegetarier oder Veganer werden möchten, müssen Sie gewisse Lebensmittel austauschen, die aus tierischen Produkten bestehen.

	Ersatzprodukt
Hühner- und Fleischbrühe	selbst gemachte Gemüsebrühe oder vegetarische Instantbrühe
Eier	Tofu
Gelatine	Agar-Agar, Pfeilwurzmehl, Carrageen, Kudzu-Pulver
Schmalz	Pflanzenfett
Margarine	Pflanzenmargarine
Milch	Nuss-, Reis- oder Sojamilch

Versteckte Zutaten

Fertigprodukte sollten Sie vor dem Kauf immer auf tierische Inhaltsstoffe prüfen. Insbesondere in Bioläden finden Sie vegetarische Varianten, beispielsweise für Käse.

	enthalten in
Sardellenfilets, fermentierter Fisch	Worcestersauce, Fischsauce
Tierisches Fett (Butter, Schmalz)	Keksen, Kuchen, Teilchen, Margarine
Eier	Keksen, Kuchen, Saucen
Lab (aus Kälbermägen)	Käse

Zutaten aus dem Vorratsschrank

Es lohnt sich, Ihren Vorratsschrank nicht nur mit den Grundzutaten aufzustocken, sondern auch mit außergewöhnlicheren Zutaten wie zum Beispiel vielen bunten Hülsenfrüchten, verschiedenen Reissorten und interessanten Gewürzen. Auf diese Weise fällt es leicht, mit frischen Zutaten aus dem Kühlschrank ein leckeres Mahl zu zaubern.

Öl: Olivenöl, Rapsöl, Erdnussöl
Essig: Apfelessig, Rotweinessig, reifer Balsamico
Getrocknete Kräuter: Oregano, Rosmarin, Salbei, Thymian
Getreide: Graupen, Bulgur, Couscous, Polenta, Basmatireis, Jasminreis, roter Reis
Pasta: Bandnudeln und Formnudeln
Asiatische Nudeln: Glas-, Eier-, Reis-, Soba-, Udon-Nudeln
Getrocknete Hülsenfrüchte: Bohnen, Linsen, Kichererbsen
Nüsse: Mandeln, Cashewkerne, Hasel-, Erd- und Walnüsse
Trockenfrüchte: Aprikosen, Birnen, Pflaumen, Feigen
Algen: Arame, Hiziki, Nori
Samen: Kürbiskerne, Sonnenblumenkerne, Sesamsaat
Saucen, Pasten und Würzmittel: Harissa, Miso, Senf, Meersalzflocken, Sojasauce, Tahini, Tomatenmark, Wasabi
Gewürze: schwarze Pfefferkörner, Chilipulver, Kreuzkümmel, Koriander, Muskat, Paprikapulver, Kurkuma
Waren aus Dose oder Glas: Kokosmilch, Hülsenfrüchte, Tomaten, Oliven
Brühe: gekörnte vegetarische Brühe

>4 >5 >6

>4 >5 >6

Beschaffung ungewöhnlicher Zutaten

Gute Fundgruben für exotische Zutaten sind Asialäden und afrikanische Läden. Reformhäuser und Bioläden haben viele alternative Produkte im Sortiment. Noch lohnenswerter ist der Blick in den Internethandel. Dort wird fast jede nur vorstellbare Zutat angeboten, von exotischen Gewürzen über vergessene Hülsenfrüchte bis zu erstklassigem Öl, Getreide und Mehl.

Tipps und Techniken

Die Zubereitung vegetarischer Speisen nimmt bisweilen mehr Zeit in Anspruch als die von Fleischgerichten. Es gibt jedoch ein paar tolle Tipps, wie man sich die Zubereitung erleichtert und Zeit spart.

Ab in den Gefrierschrank

> Es lohnt sich, Gerichte in großen Mengen zuzubereiten und die Reste einzufrieren. So ist auch bei Zeitnot eine selbst gemachte Köstlichkeit griffbereit.

> Getrocknete Hülsenfrüchte einweichen, garen, einfrieren und für Suppen und Eintöpfe verwenden.

> Obst und Gemüse einkaufen, wenn sie gerade Saison haben. Bis zur Verwendung einfrieren.

Einen Schnellkochtopf einsetzen

> Verwenden Sie zum Kochen von Suppen, Brühen, getrockneten Bohnen, Kichererbsen und festen Gemüsesorten einen Schnellkochtopf und sparen Sie dadurch Zeit.

> Zudem bleiben wertvolle Nährstoffe erhalten, da das Kochwasser nicht weggeschüttet wird.

> Gemüse behält seine leuchtende Farbe, da es nicht mit dem Sauerstoff der Luft in Berührung kommt.

Einen Schongarer verwenden

> Der aus den USA stammende Schongarer, auch Crockpot genannt, ist ideal für die Zubereitung von vegetarischen Gerichten. Man benötigt kaum Fett, und das Anbraten fällt weg.

> Bei beständig niedriger Temperatur köchelt das Gericht einfach ein paar Stunden vor sich hin und kann dann serviert werden, wenn es Ihnen passt.

> Sie können Essen zu verschiedenen Zeiten servieren, ohne es wieder aufwärmen zu müssen. Man kann seine Kinder zum Beispiel zuerst versorgen, gibt dann noch ein paar Gewürze für die Erwachsenenvariante hinzu und serviert diese später.

Suppen & Vorspeisen

Süßkartoffel-Apfel-Suppe

Für 6 Personen

Zutaten

15 g Butter
3 Porreestangen, in dünnen
  Ringen
1 große Karotte, in dünnen
  Scheiben
600 g Süßkartoffeln, geschält
  und gewürfelt

2 große Kochäpfel, geschält,
  entkernt und gewürfelt
1,2 l Wasser
frisch gemahlene
  Muskatnuss
225 ml Apfelsaft
225 g Sahne

Salz und Pfeffer
frisch gehackter Koriander
  oder Schnittlauch, zum
  Garnieren

> **1** Die Butter in einem großen Topf auf mittlerer bis geringer Stufe zerlassen.

> **2** Den Porree hinzufügen und 6–8 Minuten unter häufigem Rühren weich dünsten.

> **3** Karotte, Süßkartoffeln, Äpfel und Wasser hinzufügen. Leicht mit Salz, Pfeffer und Muskat würzen. Einmal aufkochen, dann bei reduzierter Hitze abgedeckt etwa 20 Minuten unter gelegentlichem Rühren köcheln, bis das Gemüse weich ist.

> **4** Die Suppe leicht abkühlen lassen, dann im Topf mit einem Stabmixer glatt pürieren.

>5 Den Apfelsaft unterrühren, auf geringe
Stufe reduzieren und etwa 10 Minuten
köchelnd erhitzen.

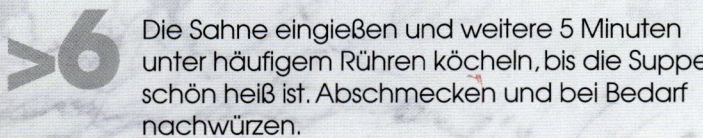

>6 Die Sahne eingießen und weitere 5 Minuten
unter häufigem Rühren köcheln, bis die Suppe
schön heiß ist. Abschmecken und bei Bedarf
nachwürzen.

Die Suppe auf angewärmte Suppenschalen verteilen, mit Koriander garnieren und noch heiß servieren.

Röstgemüsesuppe mit Ingwer & Crème fraîche

Für 4–6 Personen

Zutaten

1 Zwiebel
½ kleine Steckrübe
1 Süßkartoffel
2 Karotten
1 Kartoffel

5 EL Olivenöl
2 EL Tomatenmark
¼ TL Pfeffer
2 große Knoblauchzehen
2 EL Erdnussöl

2 5-cm-Stücke Ingwerwurzel,
in sehr feinen Streifen
850 ml heiße Gemüse-
brühe

½ TL Meersalz
Crème fraîche und grob
gehackte, frische glatte
Petersilie, zum Garnieren

>1 Den Backofen auf 190 °C vorheizen. Das Gemüse schälen und in gleich große Stücke schneiden.

>2 Olivenöl, Tomatenmark und Pfeffer in einer grpßen Schüssel verrühren. Gemüse und Knoblauch hineingeben und gut in der Tomatenpaste wenden.

>3 Das Gemüse in einem Bräter verteilen und 20 Minuten im vorgeheizten Ofen backen, bis der Knoblauch gar ist. Den Knoblauch herausnehmen und beiseitestellen. Das übrige Gemüse 10–15 Minuten weiterrösten, bis es gar ist.

>4 Unterdessen das Erdnussöl in einer Pfanne auf hoher Stufe erwärmen. Den Ingwer darin unter ständigem Rühren 1–2 Minuten knusprig braten.

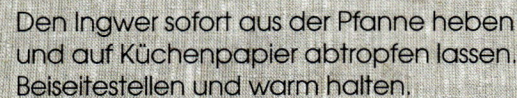

>5 Den Ingwer sofort aus der Pfanne heben und auf Küchenpapier abtropfen lassen. Beiseitestellen und warm halten.

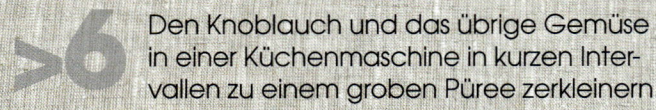

>6 Den Knoblauch und das übrige Gemüse in einer Küchenmaschine in kurzen Intervallen zu einem groben Püree zerkleinern.

>7 Das Püree mit der Brühe in einen Topf füllen. Salzen und unter Rühren 1–2 Minuten köchelnd erhitzen.

>8 Die Suppe auf angewärmte Suppenschaler verteilen und jeweils 1 Löffel Crème fraîche daraufgeben.

Mit dem gerösteten Ingwer und der Petersilie
bestreuen und sofort servieren.

Erfrischende Knoblauch-Mandelsuppe

Für 4–6 Personen

Zutaten

500 g helles Bauernbrot vom
  Vortag, entrindet und in
  Stücken
5 große Knoblauchzehen,
  halbiert
125 ml natives Olivenöl
  extra, plus ein wenig
  mehr zum Beträufeln
4–5 EL Sherry-Essig
300 g gemahlene Mandeln
1,2 l gekühltes Wasser
Salz und weißer Pfeffer
kernlose grüne Trauben, halbiert, zum Garnieren

> **1** Das Brot in einer Schüssel mit kaltem Wasser
bedecken und 15 Minuten einweichen.

> **2** Das Brot ausdrücken und in eine Küchenma
schine füllen.

Zum Servieren in Suppenschalen füllen, die Trauben hineingeben und mit Öl beträufeln.

>3 Knoblauch, Öl, Essig nach Geschmack, gemahlene Mandeln und 250 ml des gekühlten Wassers hinzufügen und zu einer glatten Masse verarbeiten.

>4 Bei laufendem Motor langsam das verbliebene Wasser eingießen, bis eine glatte Suppe entstanden ist. Abschmecken und bei Bedarf mehr Essig hinzufügen. Abgedeckt mindestens 4 Stunden in den Kühlschrank stellen, dann gut umrühren und nochmals abschmecken.

Gazpacho aus gelben Tomaten

Für 4–6 Personen

Zutaten

900 g große gelbe Tomaten, halbiert

½ Salatgurke, geschält, entkernt und gewürfelt

1 gelbe Paprika, entkernt und gewürfelt

100 g rote Kirschtomaten, entkernt und gehackt

3 große Frühlingszwiebeln, fein gehackt

1–2 frische grüne Chilis, entkernt und fein gehackt

2 EL Weißweinessig

3 EL natives Olivenöl extra, plus etwas mehr zum Beträufeln

4 Knoblauchzehen

½ EL Meersalz, nach Geschmack mehr

¼ TL Pfeffer, nach Belieben mehr

¼ TL Zucker

1 kleine Handvoll Basilikumblätter in Streifen, zum Garnieren

Knoblauch-Croûtons, zum Servieren

>1 Mit einem Löffel Kerne und Saft aus den gelben Tomaten kratzen.

>2 Kerne und Saft durch ein über einer Schüssel platziertes Sieb streichen. Das Fruchtfleisch fein würfeln und mit in die Schüssel geben.

>3 Je 4 Esslöffel Gurken- und Paprikawürfel beiseitestellen. Die gesamten gehackten Kirschtomaten beiseitestellen.

>4 Die verbliebenen Gurken- und Paprikawürfel zu den gelben Tomatenwürfeln geben. Frühlingszwiebeln, Chili, Essig und Öl hinzufügen.

> **5** Die Tomatenmischung in eine Küchenma-
schine geben und 2 Minuten sehr fein pürieren. Zurück in die Schüssel füllen.

> **6** Den Knoblauch mit dem Salz in einem
Mörser zerstoßen und mit Pfeffer und
Zucker zu den pürierten Tomaten geben.
Einige Stunden im Kühlschrank aufbe-
wahren und erkalten lassen.

> **7** Abschmecken und bei Bedarf mehr Salz
und Pfeffer hinzufügen. Die gekühlte Suppe auf Suppenteller verteilen.

> **8** Mit den beiseitegestellten Gemüse-
würfeln bestreuen.

1 Spritzer Öl und ein wenig Basilikum hinzufügen
und mit Knoblauch-Croûtons servieren.

Topinambursuppe

Für 4–6 Personen

Zutaten

55 g Butter
2 Zwiebeln, gehackt
675 g Topinambur, geschält
und in Scheiben

850 ml Gemüse-
brühe
300 ml Milch
Salz und Pfeffer

Croûtons

4 EL Pflanzenöl
2 Scheiben entrindetes
Weißbrot vom Vortag, in
1-cm-Würfeln

>1 Für die Croûtons das Öl in einer Pfanne erhitzen. Die Croûtons nebeneinander darin unter gelegentlichem Wenden knusprig und goldbraun rösten.

>2 Vom Herd nehmen und die Croûtons auf Küchenpapier abtropfen lassen.

>3 Die Butter in einem großen Topf auf mittlerer Stufe zerlassen. Die Zwiebeln darin glasig dünsten.

>4 Topinambur hinzufügen und gut in der Butter wenden. Dann abgedeckt bei geringer Hitze etwa 10 Minuten dünsten.

>5 Die Brühe angießen, einmal aufkochen,
dann abgedeckt bei reduzierter Hitze
20 Minuten köcheln.

>6 Vom Herd nehmen und im Topf mit einem
Stabmixer fein pürieren. Die Milch unterrühren, mit Salz und Pfeffer abschmecken und
die Suppe nochmals erhitzen, bis sie sehr
heiß ist.

Die Suppe auf angewärmte Suppenschalen verteilen,
mit Croûtons bestreuen und sofort servieren.

Porree-Spinat-Suppe

Für 4 Personen

Zutaten

30 g Butter
2 Porreestangen, geputzt,
  längs halbiert und in dünnen Ringen
250 g Kartoffeln, in mundge-
  rechten Stücken
300 g frischer Spinat, Stiele
  entfernt, Blätter in Streifen
300 ml heiße Gemüsebrühe
1 TL Zitronensaft
1 Prise frisch gemahlene
  Muskatnuss
Meersalz und Pfeffer
saure Sahne, zum Servieren

>1 Die Butter in einem Topf auf mittlerer bis geringer Stufe zerlassen. Porree und Kartoffeln hineingeben und abgedeckt 10 Minuten dünsten, bis das Gemüse beginnt, weich zu werden.

>2 Zwei Drittel des Spinats hinzufügen. Abdecken und 2–3 Minuten dünsten, bis der Spinat zusammenfällt. Mit Salz und Pfeffer würzen. Die Hälfte der Brühe angießen, zum Kochen bringen und halb abgedeckt 20 Minuten köcheln.

Auf Suppenschalen verteilen, je 1 Löffel saure
Sahne hineingeben und sofort servieren.

>3 Die Hälfte der Suppe in einer Küchenmaschine
fein pürieren. Dann zurück in den Topf geben.

>4 Den verbliebenen rohen Spinat mit der restlichen Brühe pürieren und ebenfalls in den
Topf geben. Zitronensaft und Muskat unterrühren und sanft erhitzen.

Selleriesuppe mit Käsestangen

Für 4 Personen

Zutaten

3 EL Olivenöl
1 Zwiebel, gehackt
1 Sellerieknolle, geschält
  und in Stücken
1 l Gemüsebrühe

1 kleines Bund frischer Thymian, gehackt
Salz und Pfeffer
frische Thymianzweige, zum
  Garnieren

Käsestangen

375 g Blätterteig, aufgetaut,
  falls Tiefkühlware
etwas Mehl, zum
  Bestäuben
1 Ei, verquirlt

100 g vegetarischer
  Parmesan, fein gerieben
Butter, zum Einfetten
Pfeffer

> **1** Das Öl in einer Pfanne auf mittlerer Stufe erhitzen und die Zwiebel darin unter häufigem Rühren 4–5 Minuten weich dünsten, aber nicht anbräunen.

> **2** Den Sellerie hinzufügen und unter Rühren 3–4 Minuten dünsten. Brühe und Thymian hinzufügen. 25 Minuten köcheln, bis der Sellerie gar ist. Unterdessen den Backofen auf 200 °C vorheizen.

> **3** Für die Käsestangen den Blätterteig auf einer bemehlten Arbeitsfläche dünn ausrollen. Mit der Hälfte des Eis bestreichen, mit der Hälfte des Käses bestreuen und gut pfeffern.

> **4** Den Teig zur Hälfte falten. Mit dem verbliebenen Ei bestreichen, mit dem restlichen Käse bestreuen und pfeffern. Zwei Backbleche mit Backpapier auslegen.

 **>5** Den Teig in etwa 1 cm breite Streifen schneiden, längs verzwirbeln und so Spiralen herstellen. Auf den vorbereiteten Backblechen verteilen und im vorgeheizten Ofen 5 Minuten knusprig goldgelb backen.

>6 Die Suppe im Topf mit einem Pürierstab pürieren und sanft wieder erhitzen. Mit Salz und Pfeffer nach Belieben würzen.

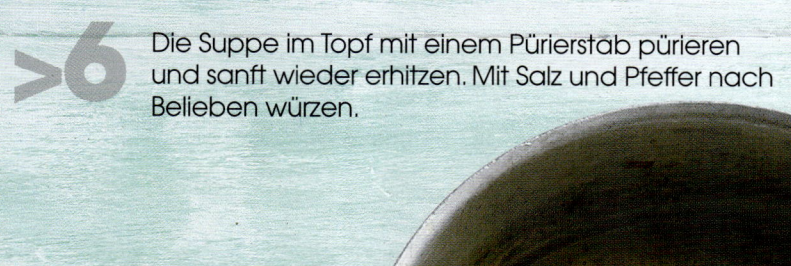

Die Suppe auf angewärmte Suppenschalen
verteilen, mit Thymian garnieren und mit den
Käsestangen servieren.

Röstkürbissuppe mit Baguette

Für 4 Personen

Zutaten

1 kg Butternut-Kürbis, in
  kleinen Stücken
2 Zwiebeln, in Spalten
2 EL Olivenöl
2 Knoblauchzehen,
  zerdrückt
3–4 frische Thymianzweige,
  nur die Blätter
1 l Gemüsebrühe
150 g Crème fraîche
Salz und Pfeffer
Schnittlauchröllchen,
  zum Garnieren

Gratiniertes Baguette

1 Baguette, schräg in dünne
  Scheiben geschnitten
50 g vegetarischer Hartkäse,
  gerieben

> **1** Den Backofen auf 190 °C vorheizen. Kürbis, Zwiebeln, Öl, Knoblauch und Thymian in einen Bräter geben, vermischen und nebeneinander ausbreiten. 50–60 Minuten unter gelegentlichem Wenden im vorgeheizten Ofen rösten, bis das Gemüse gar und teilweise angebräunt ist.

> **2** Das Gemüse in einen Topf geben und die Hälfte der Brühe zufügen. Mit einem Stabmixer glatt pürieren. Die verbliebene Brühe und die Crème fraîche einrühren. Mit Salz und Pfeffer nach Belieben würzen und sanft erhitzen.

Sofort mit den gratinierten Baguettescheiben servieren.

>3 Für das Baguette den Backofengrill vorheizen. Die Brotscheiben unter dem Grill 1–2 Minuten auf jeder Seite golden rösten. Mit Käse bestreuen und weitere 30–40 Sekunden rösten, bis der Käse geschmolzen ist und Blasen wirft.

>4 Die Suppe auf angewärmte Suppenschalen verteilen und mit Schnittlauch garnieren.

Blauschimmelkäse-Kräuter-Pastete

Für 4 Personen

Zutaten
150 g vegetarischer Frischkäse, fettarm
350 g vegetarischer
   Magerquark
120 g vegetarischer Blau-
   schimmelkäse, zerbröckelt
60 g getrocknete Cranber-
   rys, fein gehackt
5 EL frisch gehackte Kräuter,
   z. B. Petersilie, Schnittlauch,
   Dill und Estragon
100 g Butter
2 EL gehackte Walnüsse
Vollkorntoast oder Grissini,
   zum Servieren

>1 Den Frischkäse cremig rühren. Nach und
nach den Magerquark hinzufügen und
glatt rühren. Blauschimmelkäse, Cranberrys
und Kräuter untermengen. Die Masse auf
vier Ramequin-Formen à 150 ml Inhalt verteilen und vorsichtig glatt streichen.

>2 Die Butter klären. Hierzu in einem kleinen
Topf zerlassen und sämtlichen Schaum
von der Oberfläche abschöpfen.

Die Pastete in den Förmchen servieren und dazu Vollkorntoast reichen.

>3 Die klare, gelbe obere Schicht vorsichtig in ein kleines Kännchen gießen und den milchigen Rest aus dem Topf entsorgen.

>4 Ein wenig geklärte Butter auf jedes Rame-quin-Förmchen geben und mit den Wal-nüssen bestreuen. Mindestens 30 Minuten im Kühlschrank fest werden lassen.

Gegrillte Auberginen mit Paprika, Feta & Minze

Für 4 Personen

Zutaten

1 rote Paprika, halbiert und
entkernt

2 große feste Auberginen,
quer in 2-cm-Scheiben
geschnitten

Olivenöl, zum Bestreichen

2 Knoblauchzehen,
zerdrückt

Saft von 1 Zitrone

1½ TL Kreuzkümmelsamen,
zerstoßen

50 g vegetarischer Feta,
zerbröckelt

2 EL grob gehackte frische
Minze

Meersalzflocken und Pfeffer

>1 Den Backofengrill vorheizen. Die Paprikahälften mit der Schnittseite nach unten auf ein Backblech geben. Etwa 10 Minuten unter dem Grill rösten, bis die Haut schwarz wird und Blasen wirft.

>2 Aus dem Ofen nehmen und mit einem sauberen Geschirrtuch abdecken. 10 Minuten ruhen lassen, damit sich die Haut löst. Dann die Haut abziehen und das Fruchtfleisch in 5-mm-Würfel schneiden.

>3 Eine Grillpfanne auf hoher Stufe erwärmen. Die Auberginenscheiben beidseitig mit Öl bestreichen und – bei Bedarf in mehreren Partien – nebeneinander in die Pfanne geben. 2 Minuten auf jeder Seite grillen, bis ein schwarzes Grillmuster entstanden ist.

>4 Die Auberginenscheiben behutsam aus der Pfanne heben. Größere Scheiben halbieren.

>5 Knoblauch, rote Paprika, Zitronensaft und Kreuzkümmel in einer großen Schüssel mischen. Mit
Salz und Pfeffer würzen.

>6 Die Auberginenscheiben hinzufügen, alles vorsichtig
vermengen und auf einen Servierteller geben.

Das Gemüse mit Feta und Minzeblättern bestreuen und bei Zimmertemperatur servieren.

Frühlingsrollen mit Gemüse-Bohnen-Füllung

Für 4 Personen

Zutaten

2 EL Erdnussöl, plus etwas mehr zum Frittieren

4 Frühlingszwiebeln, in 5-cm-Stücken, längs in feine Streifen geschnitten

2,5-cm-Stück frischer Ingwer, geschält und fein gehackt

1 große Karotte, geschält und in feinen Stiften

1 rote Paprika, entkernt und in feinen Streifen

6 EL schwarze Bohnensauce

60 g frische Bohnensprossen

200 g Wasserkastanien aus der Dose, abgetropft und grob gehackt

5-cm-Stück Salatgurke, in feinen Stiften

8 quadratische Teigplatten für Frühlingsrollen mit einer Seitenlänge von 20 cm

süße Chilisauce, zum Servieren (nach Belieben)

>1 In einem vorgeheizten Wok 2 Esslöffel des Öls erhitzen und Frühlingszwiebeln, Ingwer, Karotte und Paprika darin auf mittlerer bis hoher Stufe 2–3 Minuten pfannenrühren.

>2 Schwarze Bohnensauce, Bohnensprossen, Wasserkastanien und Gurke hinzufügen und 1–2 Minuten pfannenrühren. Abkühlen lassen.

>3 Den Frühlingsrollenteig übereinandergestapelt mit Frischhaltefolie abgedeckt bereitlegen, damit er nicht austrocknet. Ein Teigquadrat mit einer Spitze nach oben auf die Arbeitsfläche legen und die Kanten mit Wasser bestreichen. Die Füllung in einer Ecke platzieren. Die Teig-spitze darüberfalten und vorsichtig einrollen.

>4 Bis zur Mitte weiterrollen, dann die obere und untere Ecke über die Füllung falten.

51

 **5** Weiterrollen, bis die Füllung ganz umschlossen ist und eine Frühlingsrolle entstanden ist. Ebenso mit der verbliebenen Füllung verfahren.

6 Das Öl in einem Wok auf 180–190 °C erhitzen, bis ein Brotwürfel darin innerhalb von 30 Sekunden braun wird. Die Frühlingsrollen in mehreren Portionen 2–3 Minuten rundum goldgelb und knusprig frittieren. Herausheben, auf Küchenpapier abtropfen lassen und warm halten, bis alle Frühlingsrollen fertig sind.

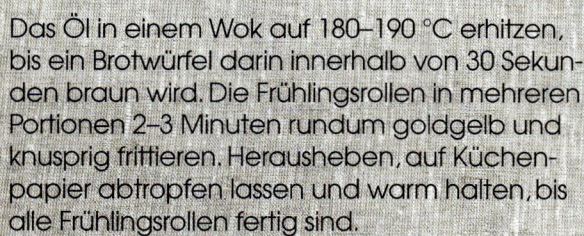

Die Frühlingsrollen heiß und nach Belieben mit
süßer Chilisauce servieren.

Brunnenkresse-Champignon-Aufstrich

Für 3–4 Personen

Zutaten

25 g Butter
3 große Frühlingszwiebeln,
 gehackt
1 TL Koriandersamen,
 zerstoßen
85 g Champignons,
 gehackt
100 g geputzte
 Brunnenkresse
100 g vegetarischer Quark
ein paar Tropfen Tabasco
Meersalz und Pfeffer
Toast oder Cracker, zum
 Servieren

>1 Die Butter in einer Pfanne bei mittlerer
bis geringer Hitze zerlassen, bis sie zischt.
Frühlingszwiebeln und Koriandersamen
darin 5–7 Minuten sanft anbraten, aber
nicht bräunen.

>2 Auf mittlere bis hohe Hitze erhöhen. Die
Pilze zugeben und 2 Minuten unter Rühren braten, bis die Flüssigkeit beginnt auszutreten. Die Brunnenkresse hinzufügen
und kurz zusammenfallen lassen. Mit Salz
und Pfeffer würzen. Vom Herd nehmen
und ein paar Minuten abkühlen lassen.

Mit Toast oder Crackern servieren.

> **3** Mit Quark und Tabasco in eine Küchen-
maschine füllen.

> **4** Glatt pürieren, in eine Servierschüssel
geben und abgedeckt 1 Stunde in den
Kühlschrank stellen.

Knuspriger Fenchel mit würziger Paprikamayonnaise

Für 6 Personen

Zutaten

3 Fenchelknollen,
  geputzt
100 g trockene helle
  Semmelbrösel
100 g vegetarischer Parmesan, fein gerieben
2 TL Fenchelsamen
  (nach Belieben)
1 Ei, verquirlt

Sonnenblumenöl, zum
  Braten
Salz und Pfeffer
Zitronenspalten, zum
  Servieren

Paprikamayonnaise

2 rote Paprika
1 Ei
1 TL Dijon-Senf
2–3 EL Weißweinessig
1 Prise Salz
300 ml Sonnenblumenöl
2 rote Chilis, entkernt und
  gehackt
Pfeffer

>1 Für die Mayonnaise den Backofen auf 220 °C vorheizen. Die Paprika auf ein Backblech legen und im vorgeheizten Ofen unter häufigem Wenden 10–15 Minuten rundum anschwärzen.

>2 Die Paprika in einen sauberen Plastikbeutel geben, verschließen und abkühlen lassen. Dann die Haut abziehen und die Paprika entkernen.

>3 Ei, Senf, Essig und Salz in einer Küchenmaschine vermengen. Bei laufendem Motor langsam etwa ein Drittel des Öls eingießen. Sobald die Masse zu stocken beginnt, das verbliebene Öl etwas rascher hinzugeben.

>4 Ist das gesamte Öl hinzugefügt, die Chilis und die geröstete Paprika hinzugeben und alles glatt pürieren. Großzügig mit frisch gemahlenem Pfeffer würzen und bis zur Verwendung abgedeckt in den Kühlschrank stellen.

>5 Leicht gesalzenes Wasser in einem großen Topf zum Kochen bringen und die Fenchelknollen hineingeben. Erneut aufkochen und 15 Minuten bissfest garen. Abgießen, abkühlen lassen und behutsam in Scheiben schneiden.

>6 Semmelbrösel und Käse mischen, nach Belieben Fenchelsamen unterrühren und mit Salz und Pfeffer nach Geschmack würzen.

>7 Die Bröselmischung auf einem Teller verteilen und das Ei in eine flache Schale geben. Die Fenchelscheiben beidseitig zunächst im Ei und anschließend in den Bröseln wenden.

>8 Eine große Pfanne auf eine Höhe von 1 cm mit Öl füllen. Auf mittlerer Stufe erhitzen und die Fenchelscheiben darin unter einmaligem Wenden goldbraun braten. Aus dem Öl heben und auf Küchenpapier abtropfen lassen.

Sofort mit den Zitronenspalten und der
Paprikamayonnaise servieren.

Filo-Tartelettes mit Röstgemüse

Für 6 Personen

Zutaten

Haselnussöl oder Olivenöl,
  zum Bestreichen
4 große Blätter Filoteig
1 kleine Aubergine, in
  2-cm-Scheiben

18 Kirschtomaten
1 große rote Paprika,
  halbiert und entkernt
1 EL Kapern

6 Kalamata-Oliven, entsteint
  und in Ringen
Basilikumblätter, in Streifen
Meersalzflocken und Pfeffer

>1 Den Backofen auf 160 °C vorheizen. Sechs Tarteletteformen leicht einölen.

>2 Den Filoteig in 24 Quadrate mit 13 cm Seitenlänge schneiden. Mit einem feuchten Tuch abdecken. 4 Quadrate leicht mit Öl bestreichen. Mit ein wenig Salz bestreuen.

>3 Die 4 Quadrate so übereinanderlegen, dass die Ecken wie die Blätter einer Blüte wirken.

>4 In eine Tarteletteform legen und am Boden und an den Rändern gut andrücken. Ebenso mit den verbliebenen Teigquadraten verfahren.

> **5** Den Teig 7–8 Minuten im vorgeheizten Ofen goldgelb backen. Aus dem Ofen nehmen und warm halten. Den Backofengrill vorheizen.

> **6** Auberginen, Tomaten und Paprika mit der Schnittseite nach unten auf einem Backblech verteilen. Die Auberginen leicht mit Öl bestreichen. 10–12 Minuten unter dem Grill rösten, bis Paprika und Tomaten leicht angeschwärzt und die Auberginen goldgelb sind.

> **7** Die Auberginen in mundgerechte Stücke schneiden, die Paprika enthäuten und das Fruchtfleisch in kleine Rauten schneiden.

> **8** Die Filo-Böden vorsichtig aus den Formen lösen und mit dem Gemüse füllen. Leicht mit Salz und Pfeffer würzen.

Mit Kapern, Oliven und Basilikum bestreuen
und warm servieren.

Bruschetta mit dicken Bohnen, Minze & Ziegenkäse

Für 6 Personen

Zutaten

600 g gepalte dicke Bohnen
  (ca. 2,5 kg ungepalt)
3 EL natives Olivenöl
  extra, plus etwas mehr
  zum Beträufeln

1 EL Zitronensaft
1 EL frisch gehackte Minze
6 Scheiben Ciabatta
1 große Knoblauchzehe,
  halbiert

6 EL vegetarischer Ziegenfrischkäse, zerbröckelt
Meersalzflocken und Pfeffer

>1 In einem großen Topf leicht gesalzenes Wasser zum Kochen bringen. Die Bohnen hineingeben und 3 Minuten köcheln, bis sie fast gar sind. Unter fließend kaltem Wasser abschrecken und abtropfen.

>2 Die durchsichtigen Häutchen der Bohnen abziehen und entsorgen.

>3 Die Bohnen mit Öl, Zitronensaft und dem Großteil der Minze mischen. Leicht salzen und pfeffern.

>4 Die Mischung in einer Küchenmaschine zu einem groben Püree verarbeiten.

 **5** Die Brotscheiben toasten. Noch warm eine Seite mit der Knoblauchzehe einreiben und mit Öl beträufeln.

 **6** Jede Scheibe halbieren, mit dem Bohnenpüree bestreichen und mit Ziegenkäse bestreuen.

Mit der verbliebenen Minze garnieren und
sofort servieren.

Salate & leichte Gerichte

Blattsalat mit Blauschimmel-käse & Walnüssen

Für 4 Personen

Zutaten

4 Selleriestangen
1 große saftige Birne mit roter Schale
Zitronensaft

3 EL frisch gehackte glatte Petersilie
150 g grüne Blattsalate, z. B. Rucola, Brunnenkresse oder Babyspinat

100 g vegetarischer Blau-schimmelkäse, zerbröckelt
4 EL grob gehackte Walnüsse
Meersalzflocken

Dressing

1 große saftige Birne
1 EL Zitronensaft
4 EL Walnussöl
¼ TL Pfeffer
Meersalzflocken

>1 Die Selleriestangen putzen und gegebenenfalls die Fäden mit einem Sparschäler abziehen. In mundgerechte Stücke schneiden und in eine große Schüssel füllen.

>2 Die Birne vierteln und entkernen, aber nicht schälen. Jedes Viertel längs in dünne Spalten schneiden. Zum Sellerie geben und mit etwas Zitronensaft beträufeln, um eine Braunfärbung zu verhindern.

>3 Für das Dressing die Birne vierteln und entkernen. Ein Viertel längs in dünne Spalten schneiden. Zu der Birne in die Schüssel geben. Die verbliebene Birne schälen und grob hacken.

>4 Die gehackte Birne und die verbliebenen Dressingzutaten mit einem Pürierstab etwa 30 Sekunden zu einer glatten Masse verarbeiten. In eine kleine Schüssel füllen.

71

 **5** Sellerie und Birne in etwa 5 Esslöffeln des Dressings wenden. Die gehackte Petersilie und 1 kleine Prise Salz hinzufügen.

6 Die Salatblätter auf Servierteller verteilen. Die Birnen-Sellerie-Mischung darauf anrichten. Mit Käse und Nüssen bestreuen.

Das Dressing über den Salat träufeln und
sofort servieren.

Zucchini-Brunnenkresse-Salat mit Minze

Für 4 Personen

Zutaten

2 Zucchini, in großen Stiften
100 g Prinzessbohnen,
  gedrittelt
1 grüne Paprika, entkernt
  und in Streifen
2 Selleriestangen,
  in Scheiben
1 Bund Brunnenkresse
Salz

Dressing

200 g Naturjoghurt
1 Knoblauchzehe, zerdrückt
2 EL frisch gehackte Minze
Pfeffer

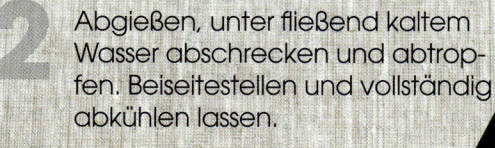

> **1** Leicht gesalzenes Wasser in einem großen Topf zum Kochen bringen, Zucchini und Bohnen hineingeben, erneut aufkochen und 7–8 Minuten garen.

> **2** Abgießen, unter fließend kaltem Wasser abschrecken und abtropfen. Beiseitestellen und vollständig abkühlen lassen.

Das Dressing über den Salat träufeln und sofort servieren.

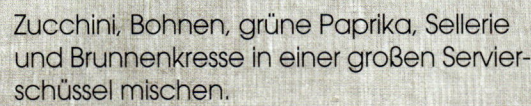

>3 Zucchini, Bohnen, grüne Paprika, Sellerie und Brunnenkresse in einer großen Servierschüssel mischen.

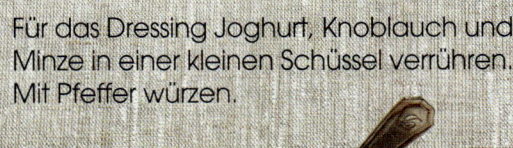

>4 Für das Dressing Joghurt, Knoblauch und Minze in einer kleinen Schüssel verrühren. Mit Pfeffer würzen.

Karotten-Mango-Salat mit Kokosnuss

Für 2–3 Personen

Zutaten

350 g junge Karotten
1 reife Mango, ca. 400 g,
 geschält und klein
 gewürfelt
60 g frische Kokosnuss,
 in feinen Streifen
3 EL frisch gehackter
 Koriander

3 EL geröstete, gehäutete
 Haselnüsse, grob gehackt
½ TL Muskovado-Zucker
½ TL Meersalzflocken
fein abgeriebene Schale
 von 1 Limette
Limettenfilets, zum
 Garnieren

Dressing

1 TL Muskovado-Zucker
¼ TL Meersalz
Saft von 1 Limette
¼–½ kleine grüne Chili, entkernt und fein gehackt
Pfeffer
3 EL Haselnuss- oder
 Olivenöl

>1 Die Karotten in 5-cm-Stücke schneiden. Mithilfe eines Sparschälers längs dünne Scheiben abschneiden und den holzigen Kern auslassen. Mit Mango und Kokosnuss in eine flache Schüssel füllen.

>2 Für das Dressing Zucker und Salz im Limettensaft auflösen. Chili und Pfeffer nach Geschmack unterrühren. Das Öl hinzufügen und alles gut verquirlen.

>3 Die Karottenmischung mit dem Dressing übergießen und alles gut vermengen. 20 Minuten bei Zimmertemperatur durchziehen lassen.

>4 Den Koriander hineingeben und nochmals gut mischen.

>5 Haselnüsse, Zucker, Salz und Limetten-
schale mischen.

>6 Die Karottenmischung auf Servierteller verteilen und mit der Nussmischung bestreuen.

Warmer Rote-Linsen-Salat mit Ziegenfrischkäse

Für 4 Personen

Zutaten

2 EL Olivenöl
2 TL Kreuzkümmelsamen
2 Knoblauchzehen,
 zerdrückt
2 TL frisch geriebener Ingwer
300 g rote Spaltlinsen

700 ml Gemüsebrühe
2 EL frisch gehackte Minze
2 EL frisch gehackter
 Koriander
2 rote Zwiebeln, in dünnen
 Ringen

200 g Babyspinat
1 TL Haselnussöl
150 g vegetarischer
 Ziegenfrischkäse
4 EL griechischer Joghurt
Pfeffer

Zitronenspalten, zum
 Garnieren
Vollkornbrot, zum Servieren

>1 Die Hälfte des Öls in einem großen Topf auf mittlerer Stufe erhitzen. Kreuzkümmel, Knoblauch und Ingwer darin 2 Minuten unter ständigem Rühren anbraten.

>2 Die Linsen einrühren. Nun etwa 20 Minuten lang nach und nach unter Rühren Brühe so lange hinzufügen, bis die gesamte Flüssigkeit aufgesogen ist. Vom Herd nehmen und die Kräuter einrühren.

>3 Währenddessen das verbliebene Öl in einer Pfanne bei auf mittlerer Stufe erhitzen. Die Zwiebeln darin unter häufigem Rühren 10 Minuten leicht anbräunen.

>4 Den Spinat in eine Schüssel geben und gut im Haselnussöl wenden. Auf einzelne Servierteller verteilen.

>5 Den Frischkäse in einer Schale mit einer Gabel zerdrücken, mit dem Joghurt vermengen und mit Pfeffer nach Geschmack würzen.

>6 Die Linsen auf die Teller mit dem Spinat verteilen. Die Zwiebeln und den Frischkäsedip daraufgeben.

Mit Zitronenspalten garnieren und mit
Vollkornbrot servieren.

Spitzkohlsalat mit Kürbiskernen

Für 4–6 Personen

Zutaten

1 Spitzkohl oder ¼ Weißkohl
10–15 Radieschen, geputzt
  und in Scheiben
½ kleine rote Zwiebel, in
  dünnen Ringen
3 EL Kürbiskerne
1 kleines Bund Dill (ca. 20 g),
  grob gehackt
2 Handvoll
  Radieschensprossen
1 Handvoll Erbsensprossen
Salz

Dressing

3 EL griechischer Joghurt
1 EL Schlagsahne
2 TL natives Olivenöl extra
¾ TL Dijon-Senf
1 großzügiger Spritzer
  Zitronensaft

>1 Beschädigte Außenblätter vom Kohl entfernen. Den Kohl längs vierteln, den Strunk herausschneiden. Jedes Viertel quer in Streifen schneiden. In ein Sieb geben und über einer Schüssel platzieren. Mit Salz bestreuen, vermengen und 30 Minuten ziehen lassen.

>2 Für das Dressing alle Zutaten in einer kleinen Schüssel gut vermengen.

Den Salat vor dem Servieren mit den Sprossen bestreuen.

>3 Den Kohl mit Küchenpapier abtupfen. In eine flache Servierschüssel geben. Radieschen, Zwiebeln, Kürbiskerne und Dill hinzufügen.

>4 Mit dem Dressing übergießen und gut vermengen.

Borlottibohnen-Tomaten-Salat mit Ei

Für 4 Personen

Zutaten

250 g getrocknete
  Borlottibohnen, mehrere
  Stunden in kaltem Wasser
  eingeweicht
2 große Knoblauchzehen,
  zerdrückt
Saft von 2 Zitronen

6 EL natives Olivenöl extra
1 TL Salz
1 kleine Zwiebel, gehackt
2 Tomaten, entkernt und
  fein gewürfelt
50 g frisch gehackte glatte
  Petersilie

1 TL Kreuzkümmelsamen,
  zerstoßen
Pfeffer
erwärmtes Pita-Brot, zum
  Servieren

Zum Garnieren

4 hart gekochte Eier,
  geviertelt
4 Zitronenspalten
Sumak oder zerstoßene rote
  Chiliflocken

>1 Die Bohnen abgießen, gut abspülen und in einen großen Topf geben. Mit Wasser bedecken und zum Kochen bringen. 10 Minuten kochen, dann bei reduzierter Hitze 1½–2 Stunden weich kochen. Bei Bedarf Wasser zugießen.

>2 Die Bohnen abgießen und in eine flache Servierschüssel geben. Einen Teil der Bohnen mit einem Löffelrücken zerdrücken.

>3 Knoblauch, Zitronensaft, Olivenöl und Salz zu den noch warmen Bohnen geben. Sanft vermengen, dann Zwiebeln, Tomaten und Petersilie hinzufügen.

>4 Kreuzkümmelsamen und ein wenig Pfeffer hinzugeben und alles vorsichtig unterheben.

Mit in Streifen geschnittenem, erwärmtem
Pita-Brot servieren.

Blätterteigschnitten mit Spargel & Spiegelei

Für 4 Personen

Zutaten

500 g Blätterteig
(Fertigprodukt)
Mehl, zum Bestäuben
Milch, zum Bestreichen
300 g feiner grüner
Spargel

200 g Pasta-Tomatensauce
(Fertigprodukt)
1 TL scharfes geräuchertes
Paprikapulver
4 Eier
Salz und Pfeffer

>1 Den Blätterteig auf einer leicht bemehlten Arbeitsfläche zu einem Rechteck (35 cm x 20 cm) ausrollen. In 4 Quadrate von 20 cm x 9 cm Seitenlänge schneiden.

>2 Ein Backblech mit Backpapier auslegen, die Teigstücke darauf verteilen, mit einer Gabel einstechen und mit Milch bestreichen. 20 Minuten im Kühlschrank lagern.

>3 Die holzigen Enden des Spargels entfernen. In einem Topf leicht gesalzenes Wasser zum Kochen bringen. Den Spargel hineingeben, aufkochen und 2–3 Minuten kochen, bis er gar ist. Abgießen, mit kaltem Wasser abschrecken und abtropfen lassen. Beiseitestellen.

>4 Unterdessen den Backofen auf 200 °C vorheizen. Pastasauce und Paprikapulver vermengen, auf den Teigplatten verstreichen und dabei einen kleinen Rand frei lassen. 10–12 Minuten im vorgeheizten Ofen backen, bis der Teig an den Rändern aufgegangen und goldgelb geworden ist.

 **5** Aus dem Ofen nehmen und mit dem Spargel belegen. Dabei mittig Platz für das Ei lassen.

 **6** Je 1 Ei in eine Tasse aufschlagen und in die Lücke auf den Teigschnitten gleiten lassen. Zurück in den Ofen setzen und 8 Minuten weiterbacken, bis das Ei gestockt ist.

Mit Salz und Pfeffer nach Geschmack würzen
und sofort servieren.

Gebratene Champignons mit Salbei

Für 4 Personen

Zutaten
5 EL Olivenöl
2 EL grob gehackter frischer
  Salbei, plus 16–20 ganze
  kleine Blätter
400 g gleich große braune
  Champignons, halbiert
Zitronensaft
1 große Knoblauchzehe, in
  dünnen Scheiben
2 EL frisch gehackte glatte
  Petersilie
¼ TL Pfeffer
Meersalzflocken
4 Scheiben Sauerteigbrot
  frisch gehobelter vege-
  tarischer Parmesan, zum
  Garnieren

> **1** Das Öl in einer großen Pfanne auf mittlerer bis hoher Stufe erhitzen. Den gehackten Salbei darin ein paar Sekunden anbraten. Die Pilze hinzufügen und 3–4 Minuten braten, bis die Flüssigkeit auszutreten beginnt.

> **2** 1 Spitzer Zitronensaft, Knoblauch, Petersilie, Pfeffer und 1 Prise Salz hinzufügen. Weitere 5 Minuten braten.

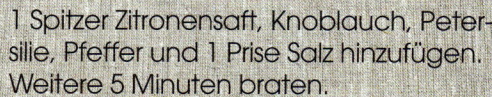

Mit ein wenig gehobeltem Käse bestreuen
und sofort servieren.

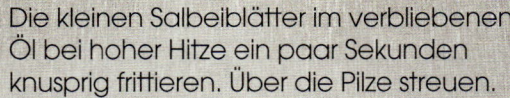

>3 Derweil die Brotscheiben beidseitig toasten.
Auf angewärmte Teller geben und großzügig mit den Champignons belegen.

>4 Die kleinen Salbeiblätter im verbliebenen
Öl bei hoher Hitze ein paar Sekunden
knusprig frittieren. Über die Pilze streuen.

Röstgemüse-Feta-Wraps

Für 4 Personen

Zutaten

1 rote Zwiebel, geachtelt
1 rote Paprika, entkernt und geachtelt
1 kleine Aubergine, geachtelt
1 Zucchini, geachtelt
4 EL natives Olivenöl extra
1 Knoblauchzehe, zerdrückt
Salz und Pfeffer
100 g vegetarischer Feta, zerbröckelt
1 kleines Bund frische Minze, in Streifen
4 Tortilla-Wraps (wenn erhältlich, mit getrockneten Tomaten) à 25 cm Ø

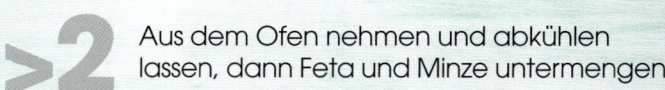

>1 Den Backofen auf 220 °C vorheizen. Gemüse, Öl und Knoblauch mischen, mit Salz und Pfeffer würzen und nebeneinander auf einem beschichteten Backblech verteilen. 15–20 Minuten im vorgeheizten Ofen rösten, bis alles goldgelb und gar ist.

>2 Aus dem Ofen nehmen und abkühlen lassen, dann Feta und Minze untermengen.

Die Wraps aufrollen, schräg halbieren und sofort servieren.

>3 Eine beschichtete Pfanne oder Grillpfanne fast bis zum Rauchpunkt erhitzen und die Wraps darin einen nach dem anderen 10 Sekunden auf jeder Seite braten.

>4 Die Gemüsemischung mittig auf den Wraps verteilen.

Grünes Wokgemüse

Für 4–6 Personen

Zutaten

500 g gemischtes grünes
  Blattgemüse, z. B. Pak Choi,
  Grünkohl, Mangold und
  Spinat
250 g grüner Spargel
5 EL Erdnussöl

3-cm-Stück frischer Ingwer,
  gewürfelt
½–1 frische grüne oder
  rote Chili, entkernt und
  gewürfelt
3 große Knoblauchzehen, in
  dünnen Scheiben

6 Frühlingszwiebeln, grüner
  und weißer Teil in Ringen
3–4 EL Gemüsebrühe oder
  Wasser
2 EL Sojasauce
½ TL Salz
Pfeffer

1 kleine Handvoll frische
  Korianderblätter
1 TL Sesamsaat
1 EL geröstetes Sesamöl
gekochter Reis oder
  asiatische Nudeln,
  zum Servieren

>1 Stiele und mittige große Blattrippen vom Blattgemüse entfernen. Stiele und Rippen in 1-cm-Stücke zerteilen. Die Blätter in Streifen schneiden.

>2 Die holzigen Enden des Spargels abschneiden und entsorgen. Die Stangen in 2-cm-Stücke schneiden. Die Spitzen ganz lassen.

>3 Das Erdnussöl in einen großen Wok geben und stark erhitzen. Wenn der Rauchpunkt fast erreicht ist, Ingwer, Chili und Knoblauch darin 30 Sekunden pfannenrühren.

>4 Frühlingszwiebeln, Spargel und die gehackten Gemüsestiele hinzufügen. Mit der Brühe ablöschen und 2 Minuten pfannenrühren.

>5 Blätterstreifen, Sojasauce, Salz und etwas Pfeffer hinzugeben und nochmals 3 Minuten pfannenrühren.

>6 Koriander, Sesam und Sesamöl hinzufügen. Weitere 30 Sekunden pfannenrühren.

Sofort mit gekochtem Reis servieren.

Mischpilz-Omelette

Für 2 Personen

Zutaten

1 TL natives Olivenöl extra
1 kleine Zwiebel, in Spalten
2–3 Knoblauchzehen, zerdrückt
85 g Mischpilze,
 große Exemplare halbiert
85 g kleine weiße Champignons, in Scheiben
1 Zucchini, gerieben
2 Eier
2 Eiweiß
2 EL Wasser
1 gelbe Paprika, entkernt und
 in Streifen
1 EL frisch geriebener
 vegetarischer Parmesan
 (nach Belieben)
Salz und Pfeffer
1 EL frisch gehacktes Basilikum
 und etwas Rucola,
 zum Garnieren
Mehrkornbrot, zum Servieren

> **1** Das Öl in einer beschichteten Pfanne erhit-
zen. Zwiebel und Knoblauch hineingeben,
abdecken und unter gelegentlichem Rühren 3 Minuten dünsten. Die Pilze hinzufügen
und 4–5 Minuten mitdünsten, bis sie weich
geworden sind. Die Zucchini hinzugeben.

> **2** Eier, Eiweiß und Wasser verquirlen, mit Salz
und Pfeffer nach Geschmack würzen.

Das Omelette in Stücke schneiden, mit Rucola garnieren und mit Mehrkornbrot servieren.

>3 Die Eier in die Pfanne gießen, die Hitze leicht erhöhen und das Ei mit einer Gabel oder einem Teigspatel vom Pfannenrand in die Mitte der Pfanne ziehen.

>4 Sobald das Omelette am Boden fest geworden ist, mit gelber Paprika, nach Belieben mit Käse und mit Basilikum bestreuen. Weitere 3–4 Minuten braten, bis das Ei ausreichend gestockt ist.

Warmer Kürbis-Champignon-Salat mit Babyspinat

Für 4 Personen

Zutaten

1 kleiner Butternut-Kürbis
5 EL Olivenöl
1 Spritzer Zitronensaft
2–3 Riesenchampignons, in
  dünnen Scheiben

½ TL Koriandersamen,
  zerstoßen
50 g Mandeln mit Haut,
  längs halbiert
½ EL Balsamico-Essig

Saft von 1 kleinen Orange
4 Handvoll Babyspinat
2 EL feine
  Schnittlauchröllchen
Meersalzflocken und Pfeffer

>1 Den Kürbis dort durchtrennen, wo der Hals endet und das bauchige Ende beginnt. Den Hals längs vierteln. Das Endstück längs halbieren. Schale und Kerne entfernen.

>2 Das Halsstück längs in dünne Scheiben schneiden. Die Endstücke quer in dünne Halbkreise schneiden.

>3 Das Öl in einer großen Pfanne auf mittlerer bis hoher Stufe erhitzen. Die Kürbisstücke portionsweise darin 5–7 Minuten unter Wenden leicht anbräunen.

>4 Mit Salz, Pfeffer und Zitronensaft würzen, dann zum Abtropfen in ein über einer Schüssel platziertes Sieb geben.

>5 Pilze und Koriandersamen in die Pfanne geben und 5 Minuten braten. Mit Salz und Pfeffer würzen und mit etwas Zitronensaft beträufeln. Zum Kürbis ins Sieb geben. Die abgetropfte Flüssigkeit aufbewahren.

>6 Die Mandeln in die Pfanne geben und unter Rühren anbräunen. Aus der Pfanne nehmen und beiseitestellen.

>7 Die abgetropfte Flüssigkeit vom Gemüse, Essig, Orangensaft und 1 Spritzer Wasser in die Pfanne geben. Einige Sekunden unter Rühren köcheln.

>8 Den Spinat auf Servierteller verteilen und Kürbis und Pilze darübergeben.

Mit Mandeln und Schnittlauch bestreuen, den Sud aus der Pfanne darübergießen und noch warm servieren.

Mini-Quiches mit Ricotta

Ergibt 12 Stück

Zutaten

Mürbeteig
200 g Mehl, plus etwas mehr
 zum Bestäuben
1 Prise Salz
125 g Butter, gewürfelt, plus
 etwas mehr zum Einfetten
1 Eigelb

Füllung
100 g vegetarischer
 Pecorino
250 g vegetarischer
 Ricotta
1 Ei, verquirlt
12 Frühlingszwiebeln, fein
 gehackt

2 EL gepalte frische Erb-
 sen, kurz gekocht und
 abgekühlt
1 TL eingelegte grüne Pfefferkörner, abgetropft und
 sehr fein gehackt
Salz und Pfeffer

>1 Für den Teig Mehl und Salz in eine Schüssel sieben. Die Butter hinzufügen und mit den Fingern ins Mehl reiben, bis feine Streusel entstehen.

>2 Das Eigelb hinzufügen und so viel Wasser untermengen, bis ein glatter Teig entsteht. Dann abgedeckt 30 Minuten in den Kühlschrank stellen.

>3 Unterdessen den Backofen auf 190 °C vorheizen. Eine Muffinform mit 12 Vertiefungen leicht einfetten.

>4 Den Teig auf einer leicht bemehlten Arbeitsfläche 3–4 mm dick ausrollen. Mit einem runden Ausstecher passend große Kreise für die Vertiefungen ausstechen.

> **5** Den Teig behutsam in die Formen drücken, jede Form mit einem Stück Backpapier auslegen und mit Backbohnen füllen. 4–5 Minuten im vorgeheizten Ofen goldgelb und knusprig vorbacken. Herausnehmen und Papier und Bohnen entfernen.

> **6** Derweil für die Füllung den Pecorino fein reiben und in einer großen Schüssel mit dem Ricotta verrühren.

> **7** Ei, Frühlingszwiebeln, Erbsen und Pfefferkörner hinzufügen und mit Salz und Pfeffer nach Geschmack würzen.

> **8** Die Füllung auf die Formen verteilen und 10 Minuten goldgelb backen. Vor dem Servieren noch ein paar Minuten in der Form ruhen lassen.

Die Mini-Quiches aus der Form lösen und
sofort servieren.

Tomatengemüse mit Spiegelei

Für 4 Personen

Zutaten

4 große, reife Tomaten
1½ EL Rapsöl
1 große Zwiebel, fein
gehackt
½ TL Koriandersamen,
zerstoßen

½ TL Kümmelsamen,
zerstoßen
2 rote Paprika, entkernt
und gewürfelt
¼ TL getrocknete
Chiliflocken

1 große Knoblauchzehe,
in dünnen Scheiben
Meersalz und Pfeffer
4 Eier
frisch gehackte glatte Petersilie, zum Garnieren

>1 Die Tomaten in einer flachen Schüssel mit kochendem Wasser bedecken. 30 Sekunden ziehen lassen. Dann abgießen.

>2 Die Tomaten enthäuten und die Haut entsorgen. Das Fruchtfleisch hacken, Saft und Kerne auffangen.

>3 Das Öl in einer großen beschichteten Pfanne auf mittlerer Stufe erhitzen. Zwiebel, Koriander und Kümmel darin etwa 10 Minuten unter gelegentlichem Rühren braten, bis die Zwiebel weich und goldgelb ist.

>4 Paprika und Chiliflocken hinzufügen und etwa 5 Minuten weich dünsten.

>5 Knoblauch und Tomaten samt Saft und Kernen hinzufügen und mit Salz und Pfeffer würzen. Abgedeckt bei geringer Hitze 10 Minuten köcheln.

>6 Die Eier aufschlagen und auf das Gemüse geben. Abgedeckt 3–4 Minuten garen, bis die Eier gestockt sind.

Mit Salz und Pfeffer würzen, mit Petersilie garnieren und sofort servieren.

Couscous mit Kirschtomaten & Minze

Für 4 Personen

Zutaten

300 g Kirschtomaten
3 EL Olivenöl
130 g Couscous
200 ml kochendes Wasser
30 g Pinienkerne, geröstet
5 EL grob gehackte frische
  Minze
fein abgeriebene Schale
  von 1 Zitrone
½ EL Zitronensaft
Salz und Pfeffer
knackiger grüner Salat und
  vegetarischer Feta, zum
  Servieren

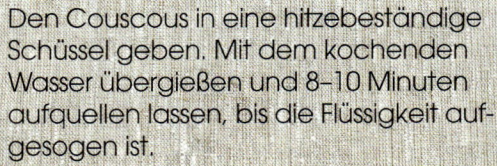

> **1** Den Backofen auf 220 °C vorheizen. Die Tomaten in eine Auflaufform geben in 1 Esslöffel Öl wenden. Dann 7–8 Minuten im vorgeheizten Ofen backen, bis die Tomaten weich sind und die Haut aufgeplatzt ist. 5 Minuten abkühlen lassen.

> **2** Den Couscous in eine hitzebeständige Schüssel geben. Mit dem kochenden Wasser übergießen und 8–10 Minuten aufquellen lassen, bis die Flüssigkeit aufgesogen ist.

Den Couscous warm oder kalt mit grünem Salat und etwas Feta servieren.

>3 Den Couscous mit einer Gabel auflockern.

>4 Tomaten samt Sud, Pinienkerne, Minze, Zitronenschale, Zitronensaft und verbliebenes Öl hinzufügen. Mit Salz und Pfeffer würzen und behutsam vermengen.

117

Hauptgerichte

Karamellisierte Süßkartoffeln

Für 4 Personen

Zutaten

450 g Süßkartoffeln, gewaschen, aber ungeschält
60 g Butter, plus etwas mehr
zum Einfetten
60 g brauner Zucker, Ahorn-
sirup oder Honig
2 EL Orangen- oder
Ananassaft
60 g Ananasstücke (nach
Belieben)
1 Prise Zimt, Muskat oder
Lebkuchengewürz (nach
Belieben)
Salz

> **1** In einem großen Topf leicht gesalzenes
Wasser zum Kochen bringen. Die Süßkartoffeln hineingeben, erneut aufkochen
und etwa 30–45 Minuten bissfest garen.
Vom Herd nehmen und abgießen. Leicht
abkühlen lassen, dann schälen.

> **2** Den Backofen auf 200 °C vorheizen. Eine
Auflaufform einfetten. Die Süßkartoffeln
in dicke Scheiben schneiden und über-
lappend, aber in einer Schicht in der
Form verteilen.

Aus dem Ofen nehmen und sofort in der Form
servieren.

>3 Die Butter würfeln und über das
Gemüse geben.

>4 Mit Zucker bestreuen und mit Orangensaft
beträufeln. Nach Belieben Ananasstücke
und Gewürze hinzufügen. 30–40 Minuten
im Ofen goldbraun backen und zwischen-
durch mit dem abgesetzten Saft übergießen.

Kartoffelpizza mit Rosmarin & Rucola

Für 4 Personen

Zutaten

280 g kleine festkochende Kartoffeln, abgebürstet
2 EL Olivenöl, plus etwas mehr zum Bestreichen
2 Knoblauchzehen, in dünnen Scheiben
1½ EL frisch gehackter Rosmarin
1 runder Pizzaboden mit 30 cm Ø (Fertigprodukt)
85 g geräucherter vegetarischer Käse, grob gerieben
120 g vegetarischer Gruyère, grob gerieben
8 Kalamata-Oliven, entsteint und halbiert
1 Handvoll Rucola
Meersalz und Pfeffer

> **1** Den Backofen auf 240 °C vorheizen. In einem Topf leicht gesalzenes Wasser zum Kochen bringen. Die Kartoffeln hineingeben, erneut aufkochen und 3 Minuten blanchieren. Abgießen und in dünne Scheiben schneiden.

> **2** Das Öl in einer großen Pfanne auf mittlerer bis hoher Stufe erhitzen. Die Kartoffeln darin 3–4 Minuten leicht anbräunen. Knoblauch, 1 Esslöffel des Rosmarins sowie Salz und Pfeffer nach Geschmack hinzufügen. 1 weitere Minute braten.

Mit dem Rucola bestreuen und sofort servieren.

>3 Den Pizzaboden auf ein Backblech geben und mit je zwei Dritteln von geräuchertem Käse und Gruyère bestreuen. Darauf die Kartoffeln verteilen. Mit dem verbliebenen Käse, den Oliven und dem restlichen Rosmarin bestreuen.

>4 Nun 10 Minuten im vorgeheizten Ofen backen, bis der Boden leicht angebräunt ist.

Kürbis-Maronen-Risotto

Für 4 Personen

Zutaten

1 EL Olivenöl
50 g Butter
1 kleine Zwiebel, gehackt
250 g Kürbis, gewürfelt

250 g Maronen, gekocht
und geschält
280 g Risottoreis
150 ml trockener Weißwein

1 TL zerkrümelte Safranfä-
den (nach Belieben), in
4 EL Brühe aufgeweicht
1 l köchelnde Gemüsebrühe

100 g fein geriebener vegetarischer Parmesan, plus
etwas mehr zum Servieren
Salz und Pfeffer

> **1** Das Öl mit 25 g der Butter in einem tiefen Topf auf mittlerer Stufe erwärmen, bis die Butter geschmolzen ist. Zwiebel und Kürbis darin unter gelegentlichem Rühren 5 Minuten braten, bis die Zwiebel weich ist und sich langsam goldgelb verfärbt und der Kürbis beginnt, Farbe anzunehmen.

> **2** Die Maronen grob hacken und hinzufügen. Alles gründlich vermengen.

> **3** Die Hitze reduzieren, den Reis dazugeben und gut in Öl und Butter wenden. Unter ständigem Rühren 2–3 Minuten andünsten, bis die Reiskörner glasig geworden sind. Mit Wein ablöschen. Weiterrühren und etwa 1 Minute verdampfen lassen.

> **4** Die Safranbrühe zum Reis geben und rühren, bis der Reis die Flüssigkeit aufgesogen hat.

125

>5 Nun nach und nach immer wieder Brühe zugießen, sobald der Reis trocken wird. Dabei ständig rühren. Auf mittlere Stufe erhöhen und sprudelnd köcheln lassen.

20 Minuten unter ständigem Rühren garen, bis der Reis schön cremig ist. Mit Salz und Pfeffer würzen.

>6 Den Risotto vom Herd nehmen und die verbliebene Butter unterziehen. Gut umrühren, dann den Parmesan unterrühren, bis er geschmolzen ist. Abschmecken und bei Bedarf nachwürzen.

Den Risotto auf vier angewärmte Servierteller verteilen und sofort mit geriebenem Käse bestreut servieren.

Pastinakengratin mit Ingwer

Für 4 Personen

Zutaten

Butter, zum Einfetten
3 große Pastinaken (ca. 750 g),
  in dünnen Scheiben
Meersalz
425 g Schlagsahne
250 ml Gemüsebrühe
1 Knoblauchzehe, zerdrückt
2,5-cm-Stück frischer Ingwer,
  grob gehackt und durch eine
  Knoblauchpresse gedrückt
¼ TL frisch gemahlener
  weißer Pfeffer
⅛ TL frisch gemahlene Muskatnuss, plus etwas mehr zum
  Garnieren
Schnittlauchröllchen, zum
  Garnieren

>1 Eine Auflaufform einfetten. Die Pastinaken in einen Topf mit Dämpfeinsatz geben und über kochendem Wasser 3 Minuten dämpfen, bis sie soeben gar sind, nach 1½ Minuten einmal durchschütteln. Anschließend in die vorbereitete Form füllen und leicht salzen.

>2 Den Backofen auf 180 °C vorheizen. Sahne und Brühe in einem Topf sanft mit Knoblauch und Ingwer erhitzen, aber nicht kochen. Mit Pfeffer, Muskat und Meersalz würzen.

Mit ein wenig Muskat und Schnittlauch bestreuen und servieren.

>3 Die heiße Sahne über die Pastinaken gießen, die Form mit Alufolie abdecken und 20 Minuten im vorgeheizten Ofen backen. Darunter ein Backblech platzieren, um Tropfen aufzufangen.

>4 Die Folie entfernen und weitere 15–20 Minuten goldgelb backen.

Spaghetti mit Erbsen-Pesto

Für 4 Personen

Zutaten

250 g gepalte dicke
  Bohnen
500 g Spaghetti
Salz und Pfeffer

Erbsen-Pesto

300 g frisch gepalte Erbsen
75 ml natives Olivenöl extra
2 Knoblauchzehen,
  zerdrückt
100 g frisch geriebener
  vegetarischer Parmesan,
  plus ein wenig gehobelter
  Parmesan zum Servieren
100 g blanchierte Man-
  deln, gehackt
1 Prise Zucker
Salz und Pfeffer

>1 Für den Pesto Wasser in einem Topf zum Kochen bringen. Die Erbsen hineingeben, erneut aufkochen und 2–3 Minuten kochen, bis sie fast gar sind. Abgießen und in eine Küchenmaschine füllen.

>2 Öl, Knoblauch und Käse hinzufügen und zu einer groben Paste verarbeiten. Erst die Mandeln und danach den Zucker hinzugeben. Mit Salz und Pfeffer würzen. Beiseitestellen.

Auf Teller verteilen, mit grob gemahlenem Pfeffer und dem gehobelten Käse bestreuen und sofort servieren.

>3 In einem Topf leicht gesalzenes Wasser zum Kochen bringen. Die Bohnen hineingeben, erneut aufkochen. Die Bohnen so lange kochen, bis sie soeben gar sind. Abgießen und abkühlen lassen. Die Häute abziehen.

>4 In einem zweiten Topf leicht gesalzenes Wasser zum Kochen bringen. Die Spaghetti hineingeben, erneut aufkochen und nach Packungsangabe bissfest garen. Abgießen, die dicken Bohnen und den Pesto unterrühren.

Tomaten-Bohnen-Suppe mit Parmesan-Toast

Für 4 Personen

Zutaten

350 g Borlottibohnen, über Nacht eingeweicht

4 EL natives Olivenöl extra, plus etwas mehr zum Beträufeln

30 g Butter

1 große Zwiebel, in dünnen Ringen

15–20 frische Salbeiblätter, in Streifen

2 große Knoblauchzehen, in dünnen Scheiben

1 EL Tomatenmark

800 g gehackte Tomaten aus der Dose

300 ml Gemüsebrühe

Meersalz und Pfeffer

4 EL frisch gehackte glatte Petersilie

50 g vegetarischer Parmesan, grob gerieben

8 dünne Scheiben Ciabatta, getoastet

frische kleine Salbeiblätter, zum Garnieren

>1 Die Bohnen abgießen, gut abspülen und in einen großen Topf füllen. Mit Wasser bedecken und zum Kochen bringen. 10 Minuten kochen lassen, dann bei reduzierter Hitze 45–60 Minuten garen. Abgießen.

>2 Öl und Butter in einem großen Topf auf mittlerer Stufe erhitzen. Zwiebel und Salbei hinzufügen und 5 Minuten braten, bis die Zwiebel glasig ist. Den Knoblauch hineingeben. Weitere 2 Minuten braten.

>3 Das Tomatenmark hinzufügen. 1 Minute unter Rühren anrösten.

>4 Tomaten, Bohnen und Brühe zugeben und mit Salz und Pfeffer würzen. Aufkochen und dann bei reduzierter Hitze halb abgedeckt 20 Minuten köcheln.

>5 Die Petersilie und die Hälfte des Käses in
die Suppe geben.

>6 Die Suppe auf Teller verteilen und mit je 2 Scheiben
gerösteter Ciabatta belegen. Das Brot mit dem verbliebenen Öl beträufeln und mit dem Käse bestreuen.

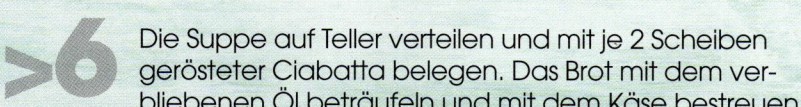

Mit Salbeiblättern garnieren und sofort servieren.

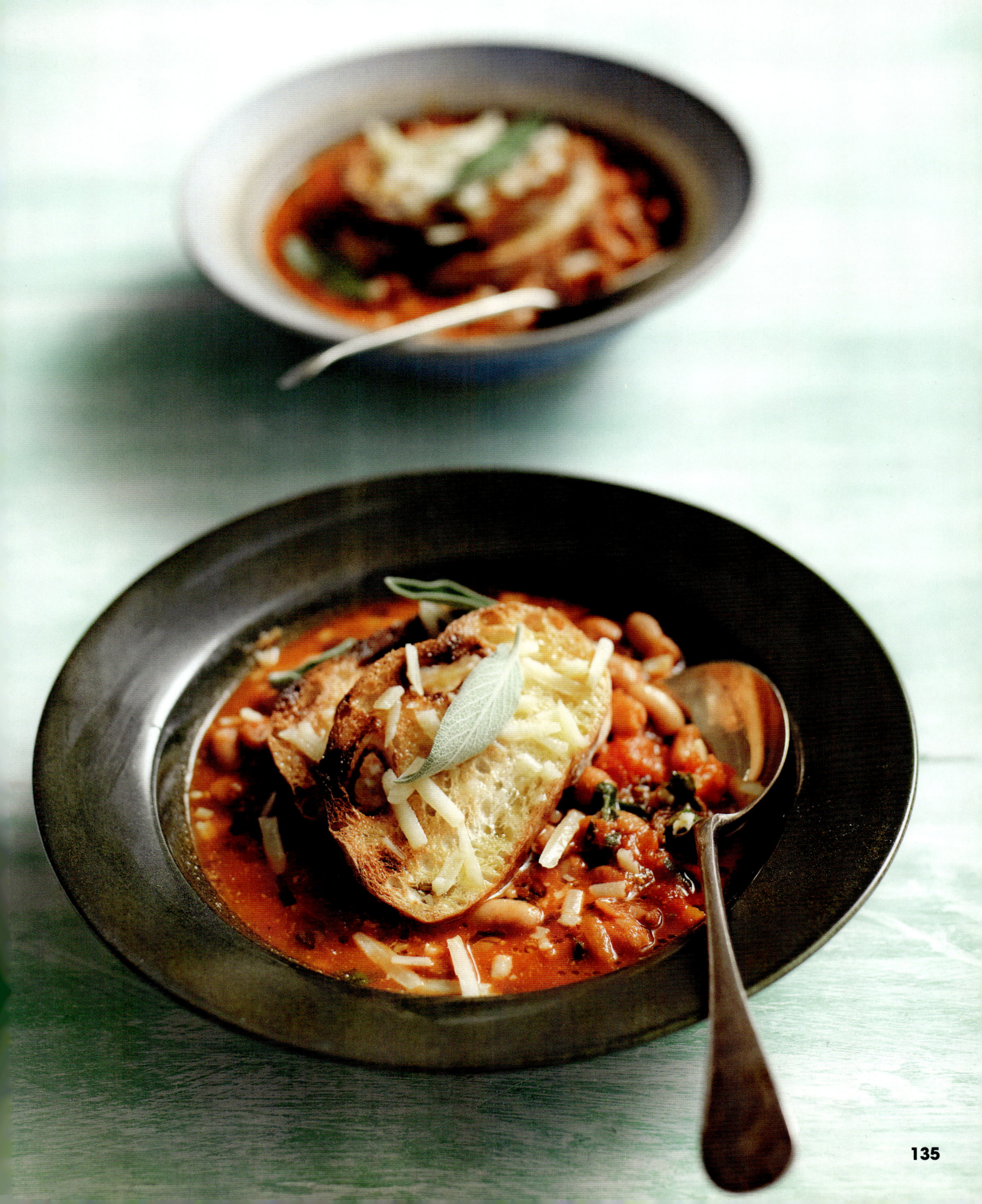

Falafeln aus der Pfanne

Für 4 Personen

Zutaten

800 g Kichererbsen aus
  der Dose, abgespült und
  abgetropft
1 kleine Zwiebel, gehackt
Saft und abgeriebene
  Schale von 1 Limette
2 TL gemahlener Koriander
2 TL gemahlener
  Kreuzkümmel
6 EL Mehl
4 EL Olivenöl
Brunnenkresse, zum
  Garnieren
Tomatensalsa (Fertigpro-
  dukt), zum Servieren

> **1** Kichererbsen, Zwiebel, Limettensaft samt
-schale und Gewürze in einer Küchenmaschine zu einer groben Paste verarbeiten.

> **2** Die Masse auf einer sauberen Arbeits-
fläche zu 4 flachen Bratlingen formen.

Mit Brunnenkresse garnieren und sofort mit Tomaten-Salsa servieren.

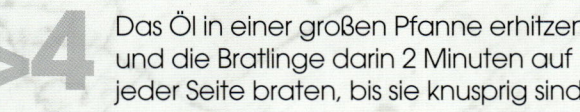

> **>3** Das Mehl auf einem großen Teller verteilen und die Bratlinge darin wenden.

> **>4** Das Öl in einer großen Pfanne erhitzen und die Bratlinge darin 2 Minuten auf jeder Seite braten, bis sie knusprig sind.

Rigatoni mit Zucchini, Tomaten & Mascarpone

Für 4 Personen

Zutaten

4 Zucchini, grob gewürfelt
2½ EL Olivenöl
1 Zwiebel, fein gehackt
1 Knoblauchzehe, zerdrückt

800 g gehackte Tomaten
  aus der Dose
6 getrocknete Tomaten,
  gehackt

225 ml Gemüsebrühe
½ TL getrockneter Oregano
280 g Rigatoni
125 g Mascarpone

1 Handvoll frische Basilikumblätter, in Stücke gezupft
Salz und Pfeffer

>1 Den Backofen auf 200 °C vorheizen. Die Zucchini in einer großen Auflaufform in 1½ Esslöffeln des Öls wenden.

>2 Dann in einer Schicht nebeneinander platzieren und 15–20 Minuten im vorgeheizten Ofen backen, bis sie gar und leicht angebräunt sind.

>3 Derweil das verbliebene Öl in einem Topf erhitzen. Zwiebel und Knoblauch darin 5 Minuten weich dünsten. Dosentomaten, getrocknete Tomaten, Brühe und Oregano hinzufügen. 10 Minuten köcheln, bis die Sauce leicht eingekocht ist.

>4 In einem großen Topf leicht gesalzenes Wasser zum Kochen bringen. Die Nudeln hineingeben, erneut aufkochen und nach Packungsangabe bissfest garen. Abgießen, gut abtropfen lassen und zurück in den Topf geben.

>5 Den Mascarpone in die heiße Tomatensauce geben und unter Rühren schmel-
zen lassen. Großzügig mit Salz und Pfeffer
würzen.

>6 Die Sauce zusammen mit Zucchini und
Basilikum zu den Nudeln geben.

Gut vermengen, bis alle Zutaten von der
Sauce umzogen sind, und sofort servieren.

Quinoa mit Röstgemüse

Für 2 Personen

Zutaten

2 Paprika (Farbe beliebig),
  entkernt und in Rauten
1 große Zucchini, in Stücken
1 kleine Fenchelknolle, in
  dünnen Spalten
1 EL Olivenöl
2 TL sehr fein gehackter
  frischer Rosmarin
1 TL frisch gehackter
  Thymian
100 g Quinoa
350 ml Gemüsebrühe
2 Knoblauchzehen,
  zerdrückt
3 EL frisch gehackte
  glatte Petersilie
40 g Pinienkerne, geröstet
Salz und Pfeffer

> **1** Den Backofen auf 200 °C vorheizen. Das Gemüse nebeneinander in einen großen Bräter geben.

> **2** Mit Öl beträufeln und mit Rosmarin und Thymian bestreuen. Gut mit Salz und Pfeffer würzen und alles mit den Händen vermengen.

Alles gut vermengen und servieren.

> Das Gemüse 25–30 Minuten im vorge-
heizten Ofen backen, bis es gar und
leicht angebräunt ist. Derweil Quinoa,
Brühe und Knoblauch in einen Topf geben. Einmal aufkochen, dann abdecken
und die Hitze reduzieren. 12–15 Minuten
köcheln, bis die Quinoa gar ist und der
Großteil der Brühe aufgesogen wurde.

>4 Das Gemüse aus dem Ofen nehmen
und die Quinoa hinzufügen. Petersilie
und Pinienkerne hineingeben.

Spargel-Erbsen-Frittata

Für 3–4 Personen

Zutaten

8 dünne grüne
  Spargelstangen
350 g frisch gepalte Erbsen
8 Eier
½ TL Meersalz

1 EL Olivenöl
1 EL Butter
8 Frühlingszwiebeln, geputzt
  und in feinen Ringen
Pfeffer
grüner Salat, zum Servieren

>1 Die holzigen Enden des Spargels abschneiden und entsorgen. Die Stangen in 1-cm-Stücke, die Spitzen in 2,5-cm-Stücke schneiden.

>2 Spargel und Erbsen in einen Topf mit Dämpfeinsatz geben und über kochendem Wasser 3 Minuten dämpfen. Vom Herd nehmen und beiseitestellen.

>3 Die Eier gut verquirlen und mit dem Salz und etwas Pfeffer würzen.

>4 Öl und Butter in einer beschichteten Pfanne (24 cm Ø) auf mittlerer Stufe erhitzen Die Frühlingszwiebeln darin 2 Minuten anbraten. Dann Erbsen und Spargel hinzufügen. Die Eier eingießen und rühren, um das Gemüse gleichmäßig zu verteilen.

>5 Abdecken und bei mittlerer bis geringer Hitze 10–12 Minuten garen, bis das Ei fast ganz gestockt ist. Unter dem vorgeheizten Backofengrill weitere 3–5 Minuten garen, bis die Oberseite gestockt ist.

>6 Auf einen Servierteller geben und in Stücke schneiden.

Heiß oder lauwarm mit grünem Salat servieren.

Kürbis & Sellerie in Balsamico

Für 2–3 Personen

Zutaten

1 kg fester Kürbis,
 z. B. Kabocha oder
 Hokkaido
½ Sellerieknolle, geschält
5 EL Rapsöl
1 EL reifer Balsamico
1 TL Koriandersamen,
 zerstoßen
1 TL frische Thymianblätter
25 g Butter
Meersalzflocken und Pfeffer
gedämpfter Brokkoli oder
 Spitzkohl, zum Servieren

>**1** Den Backofen auf 200 °C vorheizen. Den Kürbis vierteln und die Kerne herauskratzen. Jedes Viertel in 2 Stücke schneiden. Den Sellerie vierteln und in Stücke schneiden, die kleiner als die Kürbisstücke sind.

>**2** Öl, Essig, Koriandersamen und Thymian mit 1 guten Prise Salz und ein wenig Pfeffer in einer großen Schüssel verrühren. Kürbis und Sellerie darin wenden, bis sie gut von der Marinade umzogen sind.

Sofort mit gedämpftem Brokkoli servieren.

> 3 Das Gemüse in einer Schicht nebenei-
nander in eine große Auflaufform füllen.
Mit Butterflocken belegen.

> 4 Das Gemüse 30 Minuten im vorgeheiz-
ten Ofen backen, bis es gar und leicht
angebräunt ist. Dabei alle 10 Minuten
wenden.

Kartoffel-Gnocchi mit Walnuss-Pesto

Für 4 Personen

Zutaten

450 g mehlige Kartof-
feln, gewaschen, aber
ungeschält
60 g vegetarischer Parme-
san, frisch gerieben

1 Ei, verquirlt
200 g Mehl, plus etwas
mehr zum Bestäuben
Salz und Pfeffer

Walnuss-Pesto

40 g frisch gehackte glatte
Petersilie
2 EL Kapern, abgespült und
gehackt
2 Knoblauchzehen,
gehackt

175 ml natives Olivenöl extra
70 g Walnussstücke
40 g vegetarischer Parme-
san, frisch gerieben
Salz und Pfeffer

> **1** In einem Topf leicht gesalzenes Wasser zum Kochen bringen. Die Kartoffeln hineingeben, erneut aufkochen und 30–35 Minuten gar kochen. Abgießen und leicht abkühlen lassen.

> **2** Derweil für den Pesto Petersilie, Kapern und Knoblauch mit Öl und Walnüssen sowie Salz und Pfeffer nach Geschmack in einem Mörser zu einer groben Paste verarbeiten. Dann den Käse unterrühren.

> **3** Die leicht abgekühlten Kartoffeln pellen und durch ein Sieb in eine große Schüssel passieren oder durch eine Kartoffelpresse drücken. Die noch heiße Masse mit Salz und Pfeffer würzen und den Käse hinzufügen.

> **4** Das Ei unterrühren und das Mehl hineinsieben. Alles vermengen und auf eine leicht bemehlte Arbeitsfläche geben. Leicht kneten, bis ein glatter Teig entstanden ist. Falls er zu klebrig ist, etwas Mehl hinzufügen.

 **5** Den Teig mit den Händen zu einer langen Stange rollen.

 **6** In 2,5-cm-Stücke schneiden und mit einer Gabel sanft ein Streifenmuster hineindrücken. Die fertigen Gnocchi auf ein bemehltes Backblech legen und mit einem sauberen Geschirrtuch bis zur Weiterverarbeitung abdecken.

 **7** In einem großen Topf Wasser zum Kochen bringen und die Gnocchi darin portionsweise 1–2 Minuten garen.

 **8** Mit einem Schaumlöffel herausheben, in eine Schüssel geben und warm halten, bis alle Gnocchi fertig sind.

Die Gnocchi auf angewärmte Teller verteilen und mit einem großen Löffel Pesto servieren.

Polenta mit Tomaten & Knoblauchsauce

Für 4 Personen

Zutaten

700 ml Gemüsebrühe oder
  Wasser
Salz und Pfeffer
175 g Instant-Polenta
25 g Butter
3 EL feine
  Schnittlauchröllchen

2 EL frisch gehackte glatte
  Petersilie
Olivenöl, zum Bestreichen
4 Eiertomaten, in Scheiben

Knoblauchsauce

2 dicke Scheiben Weißbrot,
  entrindet
3 Knoblauchzehen, gehackt
½ TL Salz
120 g Walnussstücke
3 EL Zitronensaft
7 EL Olivenöl

>1 Die Brühe in einem großen Topf zum Kochen bringen und 1 Teelöffel Salz hineingeben. Die Polenta zugeben und auf mittlerer Stufe unter ständigem Rühren 5 Minuten köcheln, bis sich die Masse vom Topfrand zu lösen beginnt.

>2 Vom Herd nehmen und Butter, Schnittlauch und Petersilie unterrühren. Mit Salz und Pfeffer nach Geschmack würzen. Die Polenta in einer eingefetteten Auflaufform gleichmäßig verteilen und glatt streichen. Die Masse wird beim Abkühlen fest.

>3 Für die Sauce das Brot in Stücke reißen und in eine Schüssel geben. Mit kaltem Wasser bedecken und 10 Minuten einweichen.

>4 Den Knoblauch mit dem Salz in einem Mörser zu einer Paste zerstoßen. Dann die Walnussstücke einarbeiten.

 **5** Das Brot ausdrücken und unter die Paste
rühren, dann den Zitronensaft hinzufügen.
Nun das Öl einrühren, bis eine sämige,
cremige Sauce entsteht. In eine Schüssel
füllen und mit Frischhaltefolie abgedeckt
beiseitestellen.

 **6** Den Backofengrill vorheizen. Ein Blech
einölen. Die Polenta in Dreiecke oder Kreise
schneiden. Die Tomaten mit Salz und Pfeffer
würzen. Tomaten und Polenta 4–5 Minuten
unter dem heißen Grill anbräunen.

Polentastücke und Tomaten auf angewärmte
Teller verteilen, etwas Sauce darübergeben
und sofort servieren.

Blumenkohl-Tomaten-Gratin

Für 4 Personen

Zutaten

4 EL Olivenöl

50 g Butter, plus etwas mehr zum Einfetten

1 große Zwiebel, gehackt

1½ TL frische Thymianblätter

3 Knoblauchzehen, in dünnen Scheiben

800 g gehackte Tomaten aus der Dose

2–3 Streifen Zitronenschale

Meersalz und Pfeffer

100 g grobe Ciabatta-Brösel

10–12 Kalamata-Oliven, entsteint und gehackt

4 EL frisch gehackte Petersilie

1 großer Blumenkohl

30 g vegetarischer Parmesan, fein gerieben

Salz und Pfeffer

>1 2 Esslöffel Öl und die Hälfte der Butter in einer hohen Pfanne auf mittlerer Stufe erhitzen. Zwiebel und Thymian darin 5 Minuten braten, bis die Zwiebel glasig ist. Den Knoblauch hinzufügen und 1–2 Minuten leicht Farbe annehmen lassen.

>2 Tomaten und Zitronenschale unterrühren. Mit Salz und Pfeffer würzen, dann 20 Minuten unter Rühren einköcheln lassen.

>3 Den Backofen auf 200 °C vorheizen. Eine Auflaufform mit Butter einfetten. Ciabatta-Brösel, Oliven und Petersilie in einer Schüssel mischen. Das verbliebene Öl unterrühren.

>4 Den Blumenkohl vierteln und den inneren Strunk herausschneiden. In Röschen zerteilen und nebeneinander in die vorbereitete Form legen. Mit Salz und Pfeffer würzen.

> **5** Mit Tomatensauce übergießen und die Sauce gut in den Zwischenräumen verteilen. Gleichmäßig mit den Bröseln bestreuen und mit Butterflocken belegen.

> **6** Mit Alufolie abdecken und 35 Minuten im vorgeheizten Ofen backen. Die Folie entfernen und weitere 15 Minuten rösten, bis der Blumenkohl gar, aber noch bissfest und die Brösel goldgelb geworden sind.

Mit dem Käse bestreuen
und sofort servieren.

Tarte Tatin mit Karotten

Für 4 Personen

Zutaten

600 g junge Karotten, in
  2,5-cm-Scheiben
2 EL flüssiger Honig
25 g Butter
1 kleines Bund frischer
  Thymian, gehackt
Salz und Pfeffer
350 g Blätterteig, Tiefkühlware aufgetaut
Mehl, zum Bestäuben

>1 In einem Topf leicht gesalzenes Wasser zum
Kochen bringen. Die Karotten hineinge-
ben, erneut aufkochen und 10–15 Minuten
kochen, bis sie fast gar sind. Abgießen, in
Honig, Butter und Thymian wenden und mit
Salz und Pfeffer nach Geschmack würzen.

>2 Den Backofen auf 200 °C vorheizen. Die
Karotten in einer Tarteform oder einer runden Springform (20 cm Ø, 3 cm Tiefe) verteilen. 15 Minuten im vorgeheizten Ofen
backen, bis die Karotten braun sind.

Die Tarte in Stücke schneiden und
sofort servieren.

>3 Den Blätterteig auf einer bemehlten Arbeitsfläche zu einem Kreis ausrollen, der den
Rand der Form um 2 cm überlappt. Den Teig
behutsam über die Karotten legen und den
Teigrand zwischen Karotten und Formrand
drücken. 15 Minuten im vorgeheizten Ofen
backen, bis der Blätterteig aufgegangen
und goldgelb ist.

>4 Aus dem Ofen nehmen und die Form
auf einen Teller stürzen, um die Tarte
herauszulösen.

Besondere Anlässe

Bandnudeln mit Pilzen, Pinienkernen & Parmesan

Für 4 Personen

Zutaten

2 EL Olivenöl
30 g Butter
2 Schalotten, gehackt
2 große Knoblauchzehen, in dünnen Scheiben

450 g braune oder Riesenchampignons, in dicken Scheiben, große Exemplare halbiert
1 TL frisch gehackter Majoran

fein abgeriebene Schale von ½ Zitrone
450 g Pappardelle oder andere breite Bandnudeln
80 g Pinienkerne, geröstet
300 g Schlagsahne

6 EL frisch geriebener vegetarischer Parmesan, plus etwas mehr zum Servieren
2 EL frisch gehackte glatte Petersilie
Meersalz und Pfeffer

>1 Öl und Butter in einer großen Pfanne erhitzen und die Schalotten darin auf mittlerer Stufe 2 Minuten weich dünsten. Den Knoblauch hinzufügen und 1–2 Minuten leicht Farbe annehmen lassen.

>2 Pilze und Majoran unterrühren und auf mittlerer bis hoher Stufe 5–7 Minuten unter Rühren braten, bis die Pilzflüssigkeit auszutreten beginnt.

>3 Mit Zitronensaft beträufeln und mit Salz und reichlich Pfeffer würzen. Weitere 1–2 Minuten braten, bis die Flüssigkeit verdampft ist.

>4 Währenddessen leicht gesalzenes Wasser in einem großen Topf zum Kochen bringen. Die Nudeln darin nach Packungsangabe garen.

>5 Pinienkerne, Sahne und Käse zu den Pilzen geben und unter Rühren erhitzen. Nochmals abschmecken.

>6 Die Nudeln abgießen und in eine große angewärmte Servierschüssel füllen. Die Pilzsauce darübergießen und die Pasta dann mit Petersilie bestreuen.

Sofort servieren. Geriebenen Parmesan
separat dazu reichen.

Spargel-Tomaten-Risotto

Für 4 Personen

Zutaten

1 EL Olivenöl
50 g Butter
1 kleine Zwiebel, fein
  gehackt
6 getrocknete Tomaten, in
  dünnen Streifen

280 g Risottoreis
150 ml trockener Weißwein
1 l köchelnde
  Gemüsebrühe
250 g dünner grüner
  Spargel, gegart

100 g vegetarischer Parme-
  san, frisch gerieben, plus
  etwas mehr zum Garnieren
Salz und Pfeffer
Zitronenabrieb, zum
  Garnieren

> **1** Das Öl mit 25 g der Butter in einem tiefen Topf auf mittlerer Stufe erhitzen, bis die Butter geschmolzen ist.

> **2** Zwiebel und Tomaten darin unter gelegentlichem Rühren 5 Minuten dünsten, bis die Zwiebel weich ist und langsam goldgelb wird. Nicht anbräunen.

> **3** Die Hitze reduzieren, den Reis unterrühren und in Öl und Butter wenden. 2–3 Minuten unter ständigem Rühren andünsten, bis die Reiskörner glasig geworden sind.

> **4** Den Wein angießen und rühren, bis die Flüssigkeit aufgesogen ist.

>5 Nun portionsweise heiße Brühe zugießen, sobald der Reis trocken wird. Auf mittlere Stufe erhöhen und sprudelnd köcheln lassen. 20 Minuten unter ständigem Rühren garen, bis der Reis cremig ist und die gesamte Flüssigkeit aufgesogen hat. Mit Salz und Pfeffer nach Geschmack würzen.

>6 Währenddessen den Großteil des Spargels in 2,5-cm-Stücke schneiden und ein paar intakte Spargelspitzen zum Garnieren beiseitelegen. Den Spargel behutsam unter den Risotto heben und noch 5 Minuten mitkochen lassen.

>7 Den Risotto vom Herd nehmen und die verbliebene Butter unterziehen. Gut umrühren, dann den Parmesan unterrühren, bis er geschmolzen ist.

>8 Den Risotto auf angewärmte Servierteller verteilen und mit den Spargelspitzen garnieren.

Mit etwas Käse und Zitronenabrieb
bestreuen und sofort servieren.

Topinambur-Haselnuss-Gratin

Für 4 Personen

Zutaten

750 g Topinambur
1 Spritzer Zitronensaft
25 g Butter, plus etwas mehr
  zum Einfetten
4 EL gehäutete Haselnüsse,
  grob gehackt

40 g grobe Ciabatta-Brösel
Meersalz und Pfeffer
gedämpfte grüne Bohnen,
  zum Servieren

Knoblauchsahne

250 g Sahne
7 große Knoblauchzehen,
  leicht zerdrückt
1 Streifen Zitronenschale
1 Spritzer Zitronensaft

>1 Für die Knoblauchsahne alle Zutaten bis auf den Zitronensaft in einem Topf auf mittlerer Stufe erhitzen. Etwa 5 Minuten leicht einköcheln. Vom Herd nehmen und an einem warmen Ort ziehen lassen.

>2 Die Topinamburen schälen und in eine mit Wasser und 1 Spitzer Zitronensaft gefüllte Schüssel geben. Große Exemplare halbieren. In einen Topf mit Dämpfeinsatz geben und über kochendem Wasser 8–10 Minuten dämpfen. Abkühlen lassen und in dicke Scheiben schneiden.

>3 Die Knoblauchsahne in ein Kännchen abseihen, den Zitronensaft hinzufügen und mit Salz und Pfeffer nach Geschmack würzen.

>4 Den Backofen auf 190 °C vorheizen. Eine Auflaufform (2 l Inhalt) mit Butter einfetten. Die Hälfte der Topinamburscheiben in der Form verteilen und mit Salz und Pfeffer würzen. Mit den Nüssen bestreuen und mit den verbliebenen Topinamburscheiben belegen. Leicht salzen und pfeffern.

**5** Mit der warmen Knoblauchsahne über-
gießen, mit den Bröseln bestreuen und
mit Butterflocken belegen.

**6** Im vorgeheizten Ofen 30–35 Minuten backen,
bis die Topinamburen gar sind und das Gratin
goldgelb ist.

Heiß und mit gedämpften grünen Bohnen servieren.

Zwiebeltarte

Für 4–6 Personen

Zutaten

100 g Butter
600 g Zwiebeln, in dünnen
 Ringen
2 Eier
100 g Schlagsahne
100 g vegetarischer Gruyère,
 frisch gerieben
1 fertig gebackener Mürbeteigboden mit 20 cm Ø
100 g vegetarischer
 Parmesan, grob gerieben
Salz und Pfeffer

>1 Die Butter in einer schweren Pfanne auf mittlerer Stufe zerlassen und die Zwiebeln darin unter häufigem Rühren 30 Minuten gut anbräunen und karamellisieren. Aus der Pfanne nehmen und beiseitestellen.

>2 Den Backofen auf 190 °C vorheizen. Die Eier in eine große Schüssel aufschlagen, die Sahne unterrühren und mit Salz und Pfeffer nach Geschmack würzen. Den Gruyère hinzufügen und gut untermengen. Dann die Zwiebeln unterrühren.

In Stücke schneiden und heiß oder
bei Zimmertemperatur servieren.

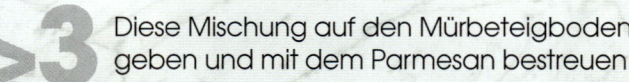

>3 Diese Mischung auf den Mürbeteigboden
geben und mit dem Parmesan bestreuen.

>4 Auf ein Backblech setzen. 15–20 Minuten
im Ofen backen, bis die Füllung gestockt
ist und braun wird. Aus dem Ofen nehmen
und mindestens 10 Minuten ruhen lassen.

Kichererbseneintopf mit Aubergine & roter Paprika

Für 6 Personen

Zutaten

1 TL Kreuzkümmelsamen
2 TL Koriandersamen
2 TL getrockneter Oregano
30 g Paranüsse, grob
  gehackt

1 rote Paprika, halbiert und
  entkernt
1 Aubergine, in Scheiben
3 EL Olivenöl, plus etwas
  mehr zum Bestreichen

2 Zwiebeln, gehackt
2 Knoblauchzehen, gehackt
400 g gehackte Tomaten
  aus der Dose
400 g gekochte Kichererbsen

450 ml Gemüsebrühe
Meersalz und Pfeffer
3 EL frisch gehackte
  glatte Petersilie, zum
  Garnieren

>1 Kreuzkümmel- und Koriandersamen in einer trockenen Pfanne auf mittlerer Stufe rösten, bis sie duften. Den Oregano hinzugeben, ein paar Sekunden mitrösten, dann alles sofort aus der Pfanne nehmen.

>2 Zusammen mit den Nüssen in einer Gewürz- oder Kaffeemühle zu Pulver mahlen. Beiseitestellen. Den Backofengrill vorheizen.

>3 Die Paprika mit der Schnittseite nach unten und die Auberginenscheiben auf ein Backblech geben. Die Auberginen leicht mit Öl bestreichen. 7–10 Minuten unter dem vorgeheizten Grill backen, die Auberginen dabei einmal wenden, bis sie beidseitig goldgelb sind und die Paprika angeschwärzt ist.

>4 Die Paprika 10 Minuten mit einem sauberen Geschirrtuch abdecken, um die Haut zu lösen. Dann die Haut abziehen.

 **5** Das gegrillte Gemüse in mundgerechte Stücke schneiden.

 **6** 3 Esslöffel des Öls in einem Topf auf mittlerer Stufe erhitzen. Die Zwiebeln darin 5 Minuten glasig dünsten.

7 Das Gewürzpulver und den Knoblauch hinzufügen und weitere 2–3 Minuten dünsten.

8 Tomaten, Kichererbsen, Paprika, Auberginen und Brühe hinzugeben und mit Salz und Pfeffer würzen. Abgedeckt zum Kochen bringen, dann bei reduzierter Hitze 45 Minuten köcheln.

Mit Petersilie bestreuen und heiß servieren.

Gefüllte Pfannkuchen mit Porree & Ziegenkäse

Ergibt 8 Stück

Zutaten
25 g Butter
½ EL Sonnenblumenöl
200 g Porree, halbiert, gewaschen und in feinen Ringen
frisch gemahlene Muskatnuss,
  nach Geschmack
1 EL feine Schnittlauchröllchen
8 Pfannkuchen (Fertigprodukt)
100 g Ziegenfrischkäse,
  zerbröselt
Salz und Pfeffer

>1 Den Backofen auf 200 °C vorheizen. Die Butter mit dem Öl in einem schweren Topf auf mittlerer bis hoher Stufe zerlassen. Den Porree zugeben und gut im Fett wenden. Mit Salz und Pfeffer nach Geschmack würzen.

>2 Etwas Muskat hinzufügen, den Porree mit Backpapier abdecken und den Deckel aufsetzen. Auf geringe Stufe reduzieren und den Porree 5–7 Minuten weich dünsten, aber nicht anbräunen. Schnittlauch hinzugeben und ggf. mit Salz und Pfeffer nachwürzen.

Die Pfannkuchen sofort und noch heiß servieren.

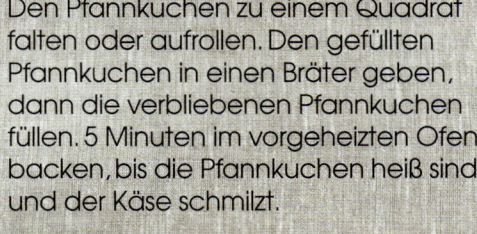

>3 1 Pfannkuchen auf eine Arbeitsfläche legen. Je ein Achtel von Porree und Käse daraufgeben.

>4 Den Pfannkuchen zu einem Quadrat falten oder aufrollen. Den gefüllten Pfannkuchen in einen Bräter geben, dann die verbliebenen Pfannkuchen füllen. 5 Minuten im vorgeheizten Ofen backen, bis die Pfannkuchen heiß sind und der Käse schmilzt.

Gratin mit Mais, Chili & Tortilla

Für 4–6 Personen

Zutaten

6 Maiskolben mit Blättern
2 grüne Paprika
2–3 grüne Chilis
6 Maistortillas,
 in 2,5-cm langen Streifen

250 g vegetarischer Gouda,
 frisch gerieben
2 EL frisch gehackter
 Koriander, zum
 Garnieren

Tomatensauce

8–10 Strauchtomaten
1 Zwiebel, in dicken
 Ringen
3 Knoblauchzehen
Meersalz und Pfeffer

> **1** Den Backofengrill vorheizen. Eine Auflaufform (2 l Inhalt) einfetten.

> **2** Den Mais unter dem vorgeheizten Grill 10 Minuten garen und dabei mehrmals wenden. Die Blätter entfernen, die Maiskörner abschneiden und beiseitelegen.

> **3** Grüne Paprika und Chilis grillen, bis sie schwarz sind. Dann enthäuten und entkernen. Das Fruchtfleisch fein hacken und beiseitestellen.

> **4** Für die Tomatensauce Tomaten, Zwiebel und Knoblauch unter dem heißen Grill anschwärzen. Die Tomaten entstielen, aber nicht häuten. In einer Küchenmaschine alles zu einem stückigen Püree verarbeiten.

>5 2 Esslöffel des Öls in einer Pfanne erhitzen und das Tomatenpüree darin 10 Minuten einkochen lassen. Mit Salz und Pfeffer würzen und in eine große Schüssel füllen.

>6 Eine Pfanne etwa 5 mm hoch mit Öl füllen und auf mittlerer bis hoher Stufe erhitzen. Die Tortillastreifen 2–3 Minuten portionsweise frittieren. Auf Küchenpapier abtropfen lassen, dann unter die Tomaten rühren.

>7 Den Backofen auf 190 °C vorheizen. Ein Drittel der Tortillamischung in die vorbereitete Form geben. Mit je der Hälfte von der Paprikamischung und dem Mais und einem Drittel des Käses bestreuen. Mit Salz und Pfeffer würzen.

>8 Ein weiteres Drittel der Tortillamischung, den Rest Mais und Paprika und die Hälfte des verbliebenen Käses darüberschichten. Nochmals würzen, mit der restlichen Tortillamischung belegen und mit dem Käse bestreuen. 30 Minuten im Ofen goldgelb backen.

Mit Koriander bestreuen und heiß servieren.

Sahnemorcheln auf Spinat-Polenta-Scheiben

Für 4–6 Personen

Zutaten

6 Handvoll frische Morcheln
3 EL Olivenöl
4 Schalotten, fein gehackt
2 Knoblauchzehen,
  zerdrückt
100 ml Marsala

200 g Schlagsahne
2 EL grober Senf
1 kleines Bund Estragon, fein
  gehackt, plus etwas mehr
  zum Garnieren
Salz und Pfeffer

Polenta-Scheiben

1 l Gemüsebrühe
250 g Instant-Polenta
Olivenöl, zum
  Bestreichen
100 g vegetarischer
  Parmesan, frisch gerieben

2 Handvoll Babyspinat, grob
  in Stücke gezupft
2 TL grob zerstoßene
  schwarzer Pfefferkörner
100 g weiche Butter
Salz und Pfeffer

> **1** Für die Polenta-Scheiben die Brühe in einem großen Topf sprudelnd aufkochen. Die Polenta in einem steten Strahl einrieseln und kräftig mit einem Schneebesen unterrühren. Nach Packungsangabe weitergaren. Eine Auflaufform leicht einfetten.

> **2** Mit einem Holzlöffel Käse, Spinat, Pfefferkörner und die Hälfte der Butter unter die Polenta rühren. Abschmecken und bei Bedarf nachwürzen.

> **3** Die Polenta in die vorbereitete Form geben, mit einem Palettenmesser glatt streichen und abkühlen lassen. Wenn die Polenta fest geworden ist, mit einem runden Ausstecher (10 cm Ø) 4–6 Portionen daraus ausstechen.

> **4** Die Morcheln halbieren und vorsichtig waschen. Mit Küchenpapier trocken tupfen. Das Öl in einem Topf auf mittlerer Stufe erhitzen und Schalotten und Knoblauch darin 3–4 Minuten weich dünsten.

191

Die Morcheln hinzufügen und unter Rühren
2 Minuten anbraten. Mit Marsala ablöschen,
kurz kochen lassen, dann Sahne, Senf und
Estragon hineingeben. Mit Salz und Pfeffer
abschmecken und warm halten.

Die verbliebene Butter in einer Pfanne auf hoher Stufe erhitzen und die Polenta-Scheiben
darin 3–4 Minuten auf jeder Seite goldbraun
und knusprig braten.

Die Polenta-Scheiben mit den Sahnemorcheln anrichten, mit Estragon garnieren und sofort servieren.

Gefüllter Rotkohl mit Pilzen, Nüssen & Reis

Für 4–6 Personen

Zutaten

1 großer Rotkohl
Saft von 2 Zitronen
3 EL Olivenöl
1 Zwiebel, gehackt
150 g Champignons, gehackt
175 g gemischte Nüsse, gehackt

3 Knoblauchzehen, fein gehackt
2 EL frisch gehackter Oregano
120 g gekochter roter Camargue-Reis
300 ml Gemüsebrühe
Meersalz und Pfeffer

Tomatensauce

8–10 Tomaten
1 Zwiebel, in dicken Ringen
3 Knoblauchzehen
2 EL Erdnussöl

> **1** Den Backofen auf 180 °C vorheizen. Eine runde Auflaufform mit Butter einfetten.

> **2** Leicht gesalzenes Wasser in einem Topf zum Kochen bringen. 8–10 Blätter vom Rotkohl ablösen und ins kochende Wasser geben. Die Hälfte des Zitronensafts hinzufügen und 4 Minuten kochen. Abgießen und trocken tupfen. Den dicksten Teil des Strunks herausschneiden.

> **3** Den verbliebenen Kohl längs halbieren und eine Hälfte für ein anderes Rezept beiseitelegen. Die andere Hälfte vierteln und den Strunk entfernen. Die Blätter raspeln.

> **4** Das Öl und die Hälfte der Butter in einer großen Pfanne auf mittlerer Stufe erhitzen. Die Zwiebel darin 5 Minuten glasig dünsten.

>5 Pilze, Nüsse, Rotkohl, Knoblauch, Oregano sowie Salz und Pfeffer nach Geschmack hinzufügen und 5 Minuten dünsten.

>6 Den Reis, den verbliebenen Zitronensaft und die Hälfte der Brühe unterrühren und weitere 2 Minuten dünsten.

>7 Die Auflaufform rundum mit Kohlblättern auslegen, dabei keine Lücke lassen. Die Füllung hineingeben und gut andrücken. Die verbliebene Butter in Flocken darauf verteilen.

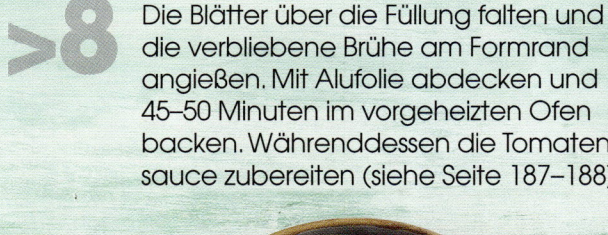

>8 Die Blätter über die Füllung falten und die verbliebene Brühe am Formrand angießen. Mit Alufolie abdecken und 45–50 Minuten im vorgeheizten Ofen backen. Währenddessen die Tomatensauce zubereiten (siehe Seite 187–188).

Den gefüllten Rotkohl in Stücke schneiden und mit Tomatensauce servieren.

Fenchelrisotto mit Wodka

Für 4–5 Personen

Zutaten

2 große Fenchelknollen
2 EL Pflanzenöl
80 g Butter
1 große Zwiebel, fein gehackt

350 g Risottoreis
150 ml Wodka oder
 Zitronenwodka
1,3 l heiße Gemüsebrühe

60 g vegetarischer Parme-
san, frisch gerieben
5–6 EL Zitronensaft

>1 Den Fenchel putzen und das Grün zum Garnieren beiseitelegen. Die Knolle längs halbieren, den v-förmigen Strunk herausschneiden und das Fruchtfleisch hacken.

>2 Das Öl und die Hälfte der Butter in einem Topf auf mittlerer Stufe erhitzen. Zwiebel und Fenchel darin 2 Minuten unter häufigem Rühren weich dünsten.

>3 Den Reis hineingeben und etwa 2 Minuten unter häufigem Rühren andünsten, bis er glasig geworden ist.

>4 Mit Wodka ablöschen und den Alkohol verdampfen lassen. Eine Schöpfkelle mit heißer Brühe eingießen und unter ständigem Rühren köcheln, bis die Brühe komplett aufgesogen ist.

>5 Dann immer wieder eine halbe Kelle Brühe
angießen und unter Rühren aufsaugen lassen, bis die gesamte Flüssigkeit vom Reis auf-
genommen wurde und dieser eine cremige
Konsistenz angenommen hat. Den Risotto so
20–25 Minuten kochen.

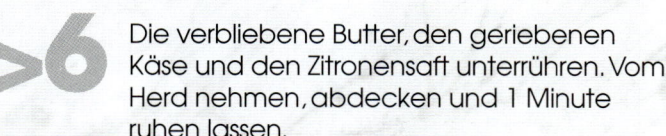

>6 Die verbliebene Butter, den geriebenen
Käse und den Zitronensaft unterrühren. Vom
Herd nehmen, abdecken und 1 Minute
ruhen lassen.

Mit ein wenig Fenchelgrün garnieren und
sofort servieren.

Sprossenbrokkoli mit Kapernbutter

Für 4 Personen

Zutaten

700 g violetter
  Sprossenbrokkoli
3 EL natives Olivenöl extra
3 Schalotten, in dünnen
  Ringen

2 große Knoblauchzehen, in
  dünnen Scheiben
1 Prise Chiliflocken
3 EL Pinienkerne, geröstet
60 g Butter

2 TL Kapern, abgespült
4 EL feine
  Schnittlauchröllchen
30 g vegetarischer Par-
  mesan, gehobelt

Meersalz und Pfeffer
gekochte Nudeln, zum
  Servieren

>1 Die Brokkoliröschen abschneiden. Große Exemplare längs halbieren. Blätter und Stiele in 2-cm-Stücke schneiden und 2 Minuten in einem Siebeinsatz über einem Topf mit kochendem Wasser dämpfen. Vom Herd nehmen. Das Kochwasser aufbewahren.

>2 Das Öl in einer Pfanne auf kleiner bis mittlerer Stufe erhitzen. Die Schalotten darin 5 Minuten dünsten.

>3 Den Knoblauch hinzufügen und 2–3 Minuten leicht Farbe annehmen lassen.

>4 Auf mittlere Stufe erhöhen und den Brokkoli hineingeben. Die Chiliflocken einstreuen und mit Salz und Pfeffer nach Geschmack würzen. 3–4 Esslöffel des Kochwassers hinzufügen. Unter Rühren 4–6 Minuten köcheln, bis der Brokkoli gerade gar und leuchtend grün ist.

>5 Die Pinienkerne unterrühren. Erneut abschmecken. In eine Servierschüssel füllen und warm halten.

>6 Eine schwere Pfanne auf hoher Stufe erhitzen. Die Butter hineingeben und goldgelb werden lassen.

>7 Vom Herd nehmen. Die Kapern und die Hälfte des Schnittlauchs unterrühren.

>8 Den Brokkoli mit der Butter übergießen. Mit dem Käse und dem verbliebenen Schnittlauch bestreuen.

Sofort mit Nudeln servieren.

Nussbraten mit Cranberry-Rotwein-Sauce

Für 4 Personen

Zutaten

30 g Butter, plus etwas mehr zum Einfetten

2 Knoblauchzehen, gehackt

1 große Zwiebel, gehackt

50 g Pinienkerne, geröstet

75 g Haselnüsse, geröstet

50 g gemahlene Walnüsse

50 g gemahlene Cashewkerne

100 g Vollkorn-Semmelbrösel

1 Ei, leicht verquirlt

2 EL frisch gehackter Thymian

250 ml Gemüsebrühe

Salz und Pfeffer

frische Thymianblätter, zum Garnieren

Cranberry-Rotwein-Sauce

175 g frische Cranberrys

100 g Zucker

300 ml Rotwein

1 Zimtstange

> **1** Den Backofen auf 180 °C vorheizen. Eine Kastenform (450 g Inhalt) einfetten und mit Backpapier auslegen.

> **2** Die Butter in einem Topf auf mittlerer Stufe zerlassen. Knoblauch und Zwiebel darin 3 Minuten unter Rühren anbraten. Vom Herd nehmen.

> **3** Pinienkerne und Haselnüsse in einem Mörser zerstoßen.

> **4** Mit Walnüssen, Cashewkernen, Semmelbröseln, Ei, Thymian, Brühe sowie Salz und Pfeffer in den Topf geben. Alles verrühren.

>5 Die Masse in die vorbereitete Form füllen und glatt streichen. 30 Minuten im vorgeheizten Ofen backen, bis der Nussbraten goldgelb und gar ist.

>6 Einen Spieß in die Mitte des Bratens stechen. Bleibt nichts daran haften, ist er gar.

>7 Nach der Hälfte der Backzeit die Sauce zubereiten. Hierzu alle Zutaten in einem Topf zum Kochen bringen. Die Hitze reduzieren. 15 Minuten unter gelegentlichem Rühren köcheln.

>8 Den Nussbraten aus dem Ofen nehmen, aus der Form lösen und auf einen Servierteller geben.

Den Braten in Scheiben schneiden, mit Thymianblättern garnieren und mit der Cranberry-Rotwein-Sauce servieren.

Rote Bete mit Meerrettichbutter & Polenta

Für 4 Personen

Zutaten

Erdnussöl, zum Einfetten und Wenden

8 frische kleine Rote Beten, geschält und halbiert

4 frische Thymianzweige

4 EL frisch geriebener Meerrettich oder Fertigprodukt

125 g Butter

Meersalzflocken und Pfeffer

Rucolablätter, zum Servieren

Polenta

850 ml Wasser

175 g Instant-Polenta

1 TL Salz

>1 Für die Polenta die Brühe in einem großen Topf zum Kochen bringen. Polenta und Salz langsam unter ständigem Rühren einrieseln lassen. Unter häufigem Rühren 30–40 Minuten köcheln, bis sich die Masse vom Topfrand löst.

>2 Einen kleinen Bräter einfetten, die Polenta darin verstreichen und abkühlen lassen.

>3 Den Backofen auf 190 °C vorheizen. Die Rote Beten in ausreichend Öl wenden.

>4 Je 4 Rote-Bete-Hälften und 1 Thymianzweig auf einem Stück Alufolie platzieren. Mit Salz und Pfeffer würzen. Die Folie locker, aber dicht um die Roten Beten falten.

>5 Etwa 1 Stunde im Ofen backen, bis sie gar sind.

>6 Derweil den Meerrettich mit Butter, ½ Teelöffel Salz und ¼ Teelöffel Pfeffer verrühren. Mithilfe von Frischhaltefolie zu einer langen Rolle formen und in den Kühlschrank stellen.

>7 Eine Grillpfanne vorheizen, die Polenta in vier Rechtecke schneiden und mit Öl bestreichen. Etwa 3 Minuten in der heißen Pfanne grillen, dann wenden und weitere 3 Minuten grillen, bis sie knusprig sind.

>8 Die Polentastücke auf Servierteller verteilen. Mit Roter Bete und in Scheiben geschnittener Meerrettichbutter belegen.

Je 1 Handvoll Rucola auf jeden
Teller geben und sofort servieren.

Filo-Schnitten mit Mangold-Ricotta-Füllung

Für 9 Personen

Zutaten

900 g verschiedenfarbige
  Mangoldblätter
60 g Butter
2 Porreestangen, in Ringen
2 Knoblauchzehen, in
  dünnen Scheiben

3 EL frisch gehackte
  gemischte Kräuter,
  z. B. Thymian, Majoran
  und glatte Petersilie
400 g Ricotta

60 g vegetarischer Parme-
  san, frisch gerieben
⅛ TL frisch gemahlene
  Muskatnuss
2 Eier, verquirlt

12 große Blätter Filoteig
Olivenöl, zum Bestreichen
50 g Pinienkerne
Meersalz und Pfeffer

>1 Die Mangoldstiele in Stücke und die Blätter in dünne Streifen schneiden.

>2 Die Butter in einer großen Pfanne auf mittlerer Stufe erhitzen. Porree und Mangoldstiele hinzufügen und 5–7 Minuten dünsten.

>3 Mangoldblätter, Knoblauch und Kräuter hinzufügen. Abdecken und sanft dünsten, bis die Blätter gar sind. Das Gemüse in ein Sieb geben und abtropfen.

>4 Ricotta, Parmesan, Muskat und Eier in einer großen Schüssel verrühren. Das abgetropfte Gemüse unterrühren. Mit Salz und Pfeffer würzen.

>5 Den Backofen auf 190 °C vorheizen. Eine eingefettete Auflaufform (23 cm x 30 cm Seitenlänge) mit 1 Blatt Filoteig auslegen. Mit Öl bestreichen und mit ein paar Pinienkernen bestreuen. 5 weitere Blätter auflegen und jedes leicht mit Öl bestreichen und mit Pinienkernen bestreuen.

>6 Die Füllung darauf verteilen. Mit 5 weiteren Blättern abdecken und jedes leicht mit Öl bestreichen und mit Pinienkernen bestreuen. 1 abschließendes Blatt darauflegen und mit Öl bestreichen.

>7 Mit einem scharfen Messer den Teig einschneiden, sodass Quadrate mit 7,5 cm Seitenlänge entstehen.

>8 Im vorgeheizten Ofen 35–40 Minuten goldgelb und knusprig backen.

In Stücke schneiden und heiß oder bei
Zimmertemperatur servieren.

Grünkohl-Bohnen-Eintopf mit Limette & Chili

Für 6 Personen

Zutaten

350 g weiße Bohnen, über
Nacht eingeweicht
1 EL Kreuzkümmelsamen
2 TL getrockneter Oregano
3 EL Erdnussöl

2 Zwiebeln, gehackt
2 Knoblauchzehen, in
dünnen Scheiben
1–3 frische rote oder
grüne Chilis, entkernt und
in Ringen

400 g gehackte Tomaten
aus der Dose
450 ml Gemüsebrühe
175 g geraspelter Grünkohl
5 EL frisch gehackter
Koriander

Saft von 1 Limette
Meersalz und Pfeffer
2 Avocados, gewürfelt und
in Limettensaft gewendet,
und rote Zwiebelringe, zum
Garnieren

>1 Die Bohnen abgießen und in einem Topf mit Wasser bedecken. 15 Minuten sprudelnd kochen, dann bei reduzierter Hitze 30–45 Minuten garen. Sie dürfen nicht zerfallen. Abgießen und beiseitestellen.

>2 Die Kreuzkümmelsamen in einer trockenen Pfanne auf mittlerer Stufe rösten, bis sie duften. Den Oregano hinzufügen, ein paar Sekunden mitrösten, dann alles sofort aus der Pfanne nehmen.

>3 Die Gewürze in einem Mörser zerstoßen.

>4 Das Öl in einem großen Schmortopf auf mittlerer Stufe erhitzen. Zwiebeln und Gewürzmischung darin 5 Minuten braten, bis die Zwiebeln glasig sind. Knoblauch und Chilis hinzufügen und 2 weitere Minute braten.

 **5** Tomaten, Bohnen und Brühe hinzugeben. Mit Salz und Pfeffer nach Geschmack würzen und zum Kochen bringen. Dann abgedeckt bei reduzierter Hitze 30 Minuten unter gelegentlichem Rühren köcheln.

 **6** Die Hitze erhöhen und den Kohl unterrühren. Dann ohne Deckel 7 Minuten köcheln, bis er gar, aber noch von leuchtender Farbe ist. Koriander und Limettensaft unterrühren.

Den Eintopf auf Suppenteller verteilen, mit Avocado und roter Zwiebel garnieren und sofort servieren.

Register